赤い花の記憶
天主堂物語
舞台裏

小川内清孝
Kiyotaka Ogawauchi

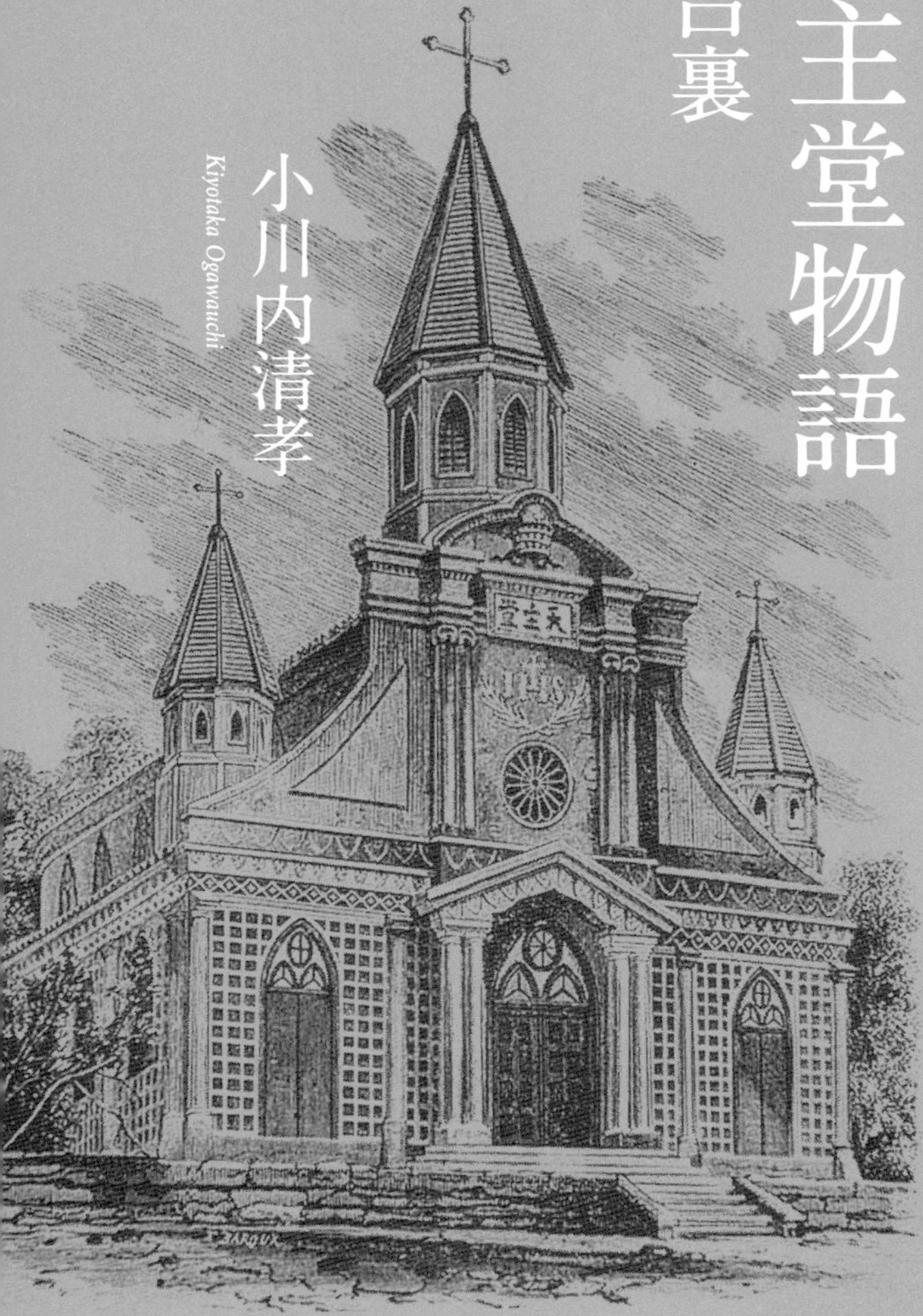

プチジャン（右・横山浩平さん）と小山秀之進（左・寺井順一さん）

2016年7月長崎公演

シーハットおおむら・さくらホールで行われた通し稽古

『不安な旅立ち』のシーン。天正遣欧使節を見送る大村純忠

総出演者63名による感動のカーテンコール

OMURA室内合奏団のオケピット

2014年8月大村初演

劇団「夢桜」と一般公募による大村初演の出演者

会場の笑いを誘った『ああ 忙しか！　忙しか！』のシーン

2014年12月南島原公演

オープニングの『ばってん長崎』のシーン

プチジャンと浦上村信徒による『信徒発見』。劇中のハイライトシーン

島原の乱を取り上げた『サンチャゴ！　集え四郎さまのもとに』のシーン

指導陣のみなさん。左から宮崎ヨーコさん、（一人おいて）牧野みどりさん、日高哲英さん、大原晶子さん、菊池准さん、村嶋寿深子さん

2014年12月天草公演

日本二十六聖人の『泥濘（ぬかるみ）の道』のシーン

『かすていらに夢中』のシーン

2015年8月長崎公演

市民役者が躍動するオープニングシーン（ゲネプロ）

子ども達も大活躍！『金鍔次兵衛』のシーン（ゲネプロ）

序文／発刊によせて

ミュージカルと私と小川内さん

村嶋寿深子
OMURA室内合奏団芸術監督

小川内さん、まず、この本を書いてくださってありがとうございます。
これは、あなたの歴史の一端でもありますが、何といっても大村市民ミュージカルの歴史ですね。

2003年、シーハットおおむら館長就任に際し、宣言した3つの抱負がありました。

1．室内合奏団の設立

2．市内全中学校吹奏楽団参加のブラスフェスティヴァル開催

3．ミュージカル公演の継続

継続とした理由は、私のブロードウェイでの経験もありましたが、館長就任前年に、シーハットおおむらのアリーナで公演された大村市民によるミュージカル「Good Bye! スミタダ。」を観たことでした。「アマチュアでこれだけのことができるとは！」という

驚きが、館長就任に際し、ぜひ継続させたいと思わせた次第です。実は、この公演の脚本は公募でした。当時、東京のテレビマンユニオンに所属していた私も応募したのでしたが、ボツだったんですよ、小川内さん。

あなたはボツになっても病身を賭して書き続けたのですね。すごいファイトと情熱です。

市民ミュージカルの2作目は「Dream Comes True～オオムラザクラ夢想曲」、3作目が「どあろ」と、大村の歴史に基づいたオリジナル作品を毎年公演してきました。全国でも珍しいケースだと思います。小川内さんの脚本でＯＭＵＲＡ室内合奏団が初めて共演した「ＯＭＵＲＡグラフィティー」はぜひ再演したい作品です。挿入歌「オオムラザクラの木の下で」は、歌い継がれてしかるべきでしょう。

「赤い花の記憶　天主堂物語」は続演という幸運に恵まれましたが、数回にわたる脚本の書き直し、上演してからもシーンのカット、音楽の変更、「まるでブロードウェイみたい！」と私がいったこと覚えていますか？

ブロードウェイ・ミュージカルは、ニューヨークのブロードウェイにある劇場で上演される前に、地方、たとえば、ボストンとかフィラデルフィアなどで試演されて、脚本の書き直し、振り付けや音楽の変更などがあり、練りに練ってからブロードウェイにもっていきます。私が最初に参加したミュージカル「チュウチェム（賢い男）」はフィラデルフィアで試演、ブロードウェイへ行くこともなく10日間で終わりました。次の「Lovely Ladies and Kind Gentlemen（八月十五夜の茶屋）」は、ロスアンゼルスで一カ月、サンフランシスコで一カ月上演したのですが、ブロードウェイでは新聞評が悪く2週間で終わりました。

このような辛酸を味わっている私は、参加者の指導にも厳しく、アマチュアだからといってハードルを下げることはしませんでした。小川内さんが「光る海」で〝宗久〟を演じた時も「音程がおかしい！」と何度も注意しましたよね。

そんな私たちの思い出がつまったこの本が、多くの皆様に読まれ、市民ミュージカルだけでなく、お芝居や音楽会の会場においでいただけることに繋がっていくことを切に願っています。

『赤い花の記憶　天主堂物語』舞台裏

目次

『赤い花の記憶　天主堂物語』舞台裏　目次

第二部　感動の舞台へ

第3章　夢の長崎公演が現実に　205

第4章　市民ミュージカル仲間との絆　226

終章　これからの夢　253

編集進行：宮下陽子
装丁デザイン：納富司デザイン事務所

序章　『赤い花の記憶　天主堂物語』長崎公演の成功

指揮者が登場し、オーバーチュア（序曲）が始まる。
暗闇の中に、男の姿が浮かぶ。

市民ミュージカル『赤い花の記憶　天主堂物語』誕生

平成26（2014）年8月9日。長崎県大村市にあるシーハットおおむらさくらホールで、ある市民ミュージカル初演の幕が上がった。私が脚本を担当した『赤い花の記憶　天主堂物語』だ。

この作品は、「長崎の教会群とキリスト教関連遺産」の世界遺産登録の気運を高め、市民の力で後押ししようと、前年の5月から準備を始め、制作されたもの。幕末の長崎居留地を舞台にして、フランス人神父ベルナール・プチジャンと天草の大工棟梁小山秀之進の対立や交流を軸に、「旧大浦天主堂建設」、「信徒発見」、「浦上四番崩れ」、明治初期の「信仰の復活」までを描いた物語だ。「ザビエルの布教」、「天正遣欧使節の旅立ち」、「日本二十六聖人の殉教」、「島原の乱」など、日本キリスト教史に残るエピソードを劇中に盛り込んだ内容でもあった。

作品の演出は菊池准さん、振付を大原晶子さん、音楽を上田亨さん、歌唱指導は村嶋寿深子さんが担当。主役のベルナール・プチジャン神父役にオペラ歌手の横山浩平さん（バリトン）を迎え、日高哲英さんの指揮、ＯＭＵＲＡ室内合奏団の生演奏による舞台として上演された。

歌い、踊り、演じ、舞台で躍動する市民役者達。ラストシーンでテーマ曲『赤い花』のイントロが始まり、横山浩平さんの伸びやかな歌声がホールいっぱいに響き渡った。

あなたのまいた種に
水やる人がいて
東の丘に
赤い花　赤い花咲いた

『赤い花の記憶　天主堂物語』は、カーテンコールまで華やかな舞台を繰り広げ、出演者や演奏者に向かって万雷の拍手が送られた。立見が出るほどの反響があり、作者の私自身も胸を熱くし、大村初演は好評のうちに幕を閉じた。

キリスト教関連遺産と関わりの深い南島原市と熊本県天草市で再演されたのが、その年の12月。天草公演は12年の歴史をもつシーハット市民ミュージカルで初の県外公演となった。ここまでは制作側が考えた当初からの公演計画通りであり、天草公演をもって舞台はすべて終了のはずだった。

長崎公演実現！　そして再演

しかし、予想しなかった嬉しい誤算が生じた。大村の初演を観賞した長崎自動車株式会社（長崎バス）の嶋崎真英社長が、物語の舞台となった大浦天主堂のある長崎市でもぜひ公演を実現させたいと、声を上げてくださったのだ。音楽全般に精通する嶋崎社長が、公演内容を高く評価してのことだった。ありがたいことに、来場者のアンケートにも再演を望む声が多く上がっていた。

そこで、翌平成27年に長崎公演のための長崎バスグループを中心とした実行委員会が立ち上げられ、市民参加者を公募。同年8月11日、念願の長崎ブリックホール大ホールでの公演が実現した。大村初演から長崎公演まで計4回公演の出演者・スタッフ数は延べ380名、5100名の観客動員数を記録。長崎県発の市民ミュージカルとしては、数々の記録を塗り替え、ロングラン公演となった。これは全国的に見ても珍しい成功例だという。

だが、話はそこでも終わらなかった。平成28（2016）年の世界遺産登録を見すえて、長崎公演終演後すぐに再演話がもち上がり、同年7月30日・31日に長崎公演再演が決定した。

長崎再演には、前年に引き続き特別協賛の長崎バスグループを中心に実行委員会が組織され、演出補の川下祐司さんと歌唱指導の尼崎裕子さんが新しく指導陣に加わった。

ところが、その後国際連合教育科学文化機関（ユネスコ）への推薦書見直しの指摘を、諮問機関であるイコモスから受けて、日本政府の推薦が取り下げられ、「長崎の教会群とキリスト教関連遺産」の世界遺産登録は白紙に戻ることになる。この想定外の事態に際して、県内で計画されていた登録祝いのさまざまな公式行事やイベントや市民舞台が中止になり、自治体の関連予算も大幅に削減された。世界遺産登録に期待を寄せていた長崎県民や関係者の落胆も大きかったという。

しかし、ミュージカル『赤い花の記憶　天主堂物語』実行委員会は、「長崎の教会群とキリスト教関連遺産」の普遍的な価値は変わらず揺るがないという認識のもと、苦境のときこそ市民の力で支援を続けようと、予定通り長崎再演を行うことにした。参加者の公募では長崎、佐世保、大村、諫早、南島原から60名以上の市民役者が集まったのである。

平成28（2016）年7月30日、迎えた長崎再演の本番初日。総勢63名の出演者は緊張の中本番の舞台で輝いた。2月の説明会から数えれば約5カ月間このミュージカルに関わった出演者達。まさにミュージカル漬けの日々だった。OMURA室内合奏団の演奏に乗って、心強いスタッフに支えられて、熱い思いを約2時間あまりの舞台にぶつけた。31日の千秋楽も、客席からの熱い拍手と喝采が会場全体を包み、カーテンコールを迎えることができた。大きな失敗もなく、無事有終の美を飾ることができた。作者、指導陣、出演者、スタッフ、それぞれの思いが重なり合って、ようやく感動のフィナーレを迎えることができたのである。

終演後、東京から足を運んで舞台を観てくださった知り合い（高校の先輩）からメッセージが届いた。

本当に素晴らしかった！　お世辞抜きで感動しました！　市民ミュージカルとはいえ、完成度の高い芝居でしたよ。信徒発見のシーンには涙が出ました。翌日は大浦天主堂を訪れました。長崎に行ってよかった！　ありがとうございました。

このメッセージこそ、私達の市民ミュージカルへかける思いがきちんと客席に伝わった証だと思う。とても嬉しい感想だった。作品を通して、日本や長崎におけるキリスト教の繁栄、弾圧、復活の歴史を知ってもらいたい。伝えたい。興味を抱いて教会群を巡るきっかけにしてもらいたい。そういう制作意図がまっすぐに観客へ届いたのだと、素直にそう感じた。

ミュージカルは脚本、演出、振付、演技、歌唱、音楽が一体となった総合芸術だ。ひとつでも欠けては評価されないと思う。ましてや市民舞台の再演話などありえない。私も末端ながら約3年間その総合芸術の一翼を担ってきた。創作活動を始めた時点からの夢であったロングラン公演が実現し、夢のまた夢だと思っていた念願の長崎ブリックホール公演を2度も実現することができた。

これをもって、ミュージカル『赤い花の記憶　天主堂物語』公演スケジュールはすべて終了した。しかし、個人的には夢の舞台がいつまでも続くことを信じていたい。その先があることを念じていたい。

本書では、そんな紆余曲折を経て大きな支持と感動を得たミュージカル作品の、華やかな舞台とは少し異なるもうひとつの『赤い花の記憶　天主堂物語』制作過程を、作者自身の個人的な視点と体験を通して紹介していきたいと思う。

第一部　脚本家への序走

第1章　小脳梗塞とラジオドラマとミュージカル

ラジオドラマ原作募集で優秀賞

平成17（2005）年4月22日の午後のことだった。

MBSラジオの制作部ラジオドラマ担当スタッフの方から仕事場に1本の電話が入った。

「小川内清孝さんですか？　小川内さんの作品が優秀作に選ばれました」

「えっ？」

「おめでとうございます」

「本当ですか？　あ、ありがとうございます！」

実はこの電話、「ハロー！プロジェクト・ラジオドラマ原作募集」で、私の応募作品『ラブリー！　ミラクル！　ソフトボール！』が優秀賞を受賞したことを知らせる連絡だった。

公募で入選した作品には賞金（最優秀賞30万円　優秀賞10万円）が出る。人気アイドルグループモーニング娘。やハロー！プロジェクトメンバー出演のラジオドラマとして制作され、MBS毎日放送ラジオの深夜番組「ドラマの風」で放送されることになっていた。当時のハロプロといえば松浦亜弥、安倍なつみ、後藤真希ら、そうそうたる所属メンバーが揃っていた時期だ。しかも、入選した作品集は翌年のCD化も予定されているという「夢のようなおまけ」まで付いていた。

原作募集のことは、2カ月前に地元の新聞に掲載された小さな記事で知った。「ハロプロメンバーが登場するラジオドラマのあらすじを原稿用紙2枚（800字）程度にまとめてお送りください。応募資格はありません。（プロ、アマ問わず）」という内容だった。この「プロ、アマ問わず」に反応したのだ。

その頃の私は46歳。ある病気の後遺症に苦しみながら、フリーライターの仕事を続けていた。だから受賞の報を聞いた瞬間、驚きのあまり血圧が上昇し、興奮したのか、自律神経がおかしくなったことを記憶している。

小脳梗塞発症

ところで、どうしていい歳のおじさんが恥ずかしげもなく「ハロー！プロジェクト・ラジオドラマ原作募集」に応募したのか？　ごく自然に浮かんでくる疑問であると思う。話は平成16（２００４）年9月2日の早朝（深夜）に遡《さかのぼ》る。

長崎市出島町にあるワンルームマンションの仕事場で、テキスト入力のためにパソコンに向かっていたときのこと。突然、頸椎部に何かに殴られたような、あるいは急に強い電流でも流されたような衝撃が走った。あれ？　変だなと思っていると、十数秒後に目の前の視界が上下にぶれはじめ、めまいと吐き気が同時に襲ってきた。トイレまで這って行き嘔吐して出た直後、部屋全体が時計回りにぐるぐると回り出し、立っていられなくなり、身体が左下に向かって強く引っ張られるような感覚でドサリと倒れた。そしてひどい頭痛と耳鳴りがして、倒れたままだんだん意識が遠のいていった。

朝方、ひどい頭痛を感じながら意識を取り戻した私は、まず手足がちゃんと動くか起き上がれるかを確認した。そして、仕事場の隣のビルにある病院の診療受付時間を待って、駆け込んだ。担当の医師に深夜に起こった症状を説明し、すぐに検査をしてもらうことになった。すると、血圧は高かったが、尿検査、心電図、血液検査、ＣＴスキャンは異常なしの診断。とりあえず降圧剤を飲んで仕事場に戻り、安静にして経過をみることにした。

ところが2日経ってもめまいは治らない。何となくふらつき、まっすぐ歩くこともできない。それで、再び隣の病院に行ってみることにした。だが、再検査の数値はまた異常なし。「念のために」という医師の判断で、近くにある大きな病院を紹介してもらうことになった。その病院で再度CTスキャンをしてもらうと、今度は頸椎部に出血跡の影が見つかって、小脳梗塞と診断された。小脳梗塞は脳梗塞の一種で、小脳の血管が詰まる病気のことだ。その場で車椅子に乗せられて、私は即脳神経外科病棟に入院となったのである。

今振り返れば、当時の私は仕事上の過度のストレスがたまり、体型は日頃の不摂生がたたって腹がせり出し肥満型。暴飲暴食で運動不足、尿酸値や血圧が高く、典型的なメタボリックシンドローム予備軍であった。いつこんな症状が出てもおかしくない危険水域に達していたのだ。

よくよく思い出してみれば、指先の凝りやしびれ、頭が重い、食事中に中唇を噛む、記憶力の低下などの前兆があった。

幸いなことなのかどうかは分からないが、私の身体には麻痺やろれつが回らないなどの脳梗塞特有の症状は出なかった。手術などの必要はなく、入院中には血液をサラサラにする点滴を受け、ＭＲＩや造影剤投与検査をして、治療はリハビリ中心に行うことになった。しかし、ＭＲＩ検査をするときに円形の筒の中で閉所恐怖症のような感覚に襲われ、検査の時間中苦痛でいたたまれない状態が続いた。それが後遺症の前兆だったのだと思う。

結局私は12日間で退院して、長崎市西山の実家でしばらく療養することにした。退院翌日のこと。ある原稿の〆切り日だったので、仕事場に行き、パソコンに向かってテキスト入力を始めた。ところが集中しようとして画面を見つめているときに再びめまいに襲われた。あの脳が揺れるような感覚。頭痛と耳鳴りもする。どうにかこうにか原稿は完成させ、テキストを依頼先に添付メールで送ったものの、それ以上は不安で仕事場にいられなくなり、タクシーで実家に帰ることにした。タクシーに乗っている間も、乗り物酔いのような状態が続き気分が悪くなる始末だった。

退院したらすぐに普通の生活に戻れると思い込んでいた私は、後遺症が予想した以上に重く感じられた。正直、これは大変なことになったぞと思った。以後、実家で寝たり起きたり散歩したりのリハビリ生活を余儀なくされることになった。だが、退院後はいくぶん体が細くなった程度で、人に会うと会話も普通にできるし、見た目は変わらなかった。偶然街で会った人には「ちょっとスリムになって、お元気そうで安心しました」と声をかけられた。しかし、実際にはめまいと頭痛と吐き気が繰り返し起きていたのである。

バスや電車などの乗り物酔いや閉所恐怖症の自覚症状があり、小脳の機能障害なのか、身体のバランスが悪く、平衡感覚に欠けていた。たまに大勢の人の前に出てみると、すぐにめまいと動悸が起こった。人混みが極端に苦手になった。

日々の体調の変化は著しく、立っているのが辛くなり、どうしても実家で横になっている時間が長くなった。パソコンの前に10分とは座れない。テキスト入力をしようとすると頭痛がする。思考回路も混乱気味で、頭の整理がつかない。集中力がない。食欲がないので体重もどんどん減っていった。まずい。このままではライターの仕事が続けられない。どうしよう？　私の脳裏には絶えずそういう不安がつきまとっていた。

仕事復帰のための自己流リハビリ

一日も早い仕事復帰を目指して、私は小脳梗塞後遺症克服のために自己流のリハビリを始めた。

まず健康な身体を取り戻すために軽い運動だ。西山の実家から出島町の仕事場まで毎日約6キロの道のりを歩いて往復した。血圧を下げようと禁酒し、肉や塩分を控え、水分補給などを心がけた。

その頃、毎日夜7時頃には横になるようにした。横になってから眠るまでの時間に、脳の働きを活発にしようと藤沢周平などの小説を読む読書療法、高血圧やダイエットに効くというCDを聴く音楽療法、古典落語や漫才のCDを聴くリラックスお笑い療法などを試みた。あの頃はラジオドラマもよく聴いた。健康雑誌を買い込み、脳を活性化させるという名文音読や計算ドリルなどの付録も積極的に利用した。血液の循環をよくするという指や爪の運動やマッサージなども実践した。これらの自己流療法が、果たして自分の身体に効果があるのかどうなのか分からなかったけれど、一日も早く健康を取り戻したいと、当時の私は藁《わら》をもすがる心境で試みていたのだと思う。

仕事復帰

自己流のリハビリを続けながら、身体の調子を確認しつつ、10月の後半から少しずつ仕事に復帰することにした。当時連載をもっていた広報誌の原稿執筆、地元の秋祭りの写真撮影、年末には旅行情報誌の取材・原稿執筆などの仕事をぼちぼちと始めた。

仕事ができないということは、フリーランスの私にとって致命傷だ。イコール収入がゼロになるということ。背に腹は代えられない厳しい現実が目の前にあった。体調の悪いときも、取引先や取材相手に無理に笑顔をつくり、がまんして仕事を続けた。

仕事に復帰した頃。笑ってはいるが、ふらふらしていた

並行して異業種交流会や高校の同窓会、友人達との食事会や忘年会などにもできるだけ顔を出すようにした。元気になった、仕事に復帰した、ということをアピールしたかったからだ。だが、人が大勢集まる場所に行くと、めまいと動悸が起こるので、心から楽しむことができ

ず、早々に帰宅することが多かった。たぶん当時の私は、「不義理で付き合いの悪いやつだ」と思われていたのかもしれない。人前では落ち着かず、その場にいたたまれずに脂汗が出てくる始末で、悔しかったが体調不良には勝てなかった。

快気祝いを痛恨のドタキャン

年が明けて平成17（2005）年。

年末に仕事を再開してから体調は小康状態で、このまま完全復活できるのではないかと期待した。だが、新年早々、寒さと運動不足でまた体調を崩してしまった。

1月9日、歩いている途中にめまいが起こりふらついた。その4日後には、市内の料亭で知人・友人達が私のために快気祝いを開いてくれることになっていた。当日は少し風邪気味の体調だったが、簡単には欠席できないので、バスで会場へ向かうことにした。しかし、車中ではげしい動悸とめまいに襲われ、途中のバス停で降りてしまい、私はそのまま歩いて帰宅し寝込んでしまった。

当日会場に集まってくださった方々には本当に申し訳ない気持ちでいっぱいだった。悔しくてたまらなかったが、体調の急変はどうにもコントロールできなかった。この痛恨の「快気祝いドタキャン事件」は一層私を落ち込ませた。

ちょうど同じ頃、私の原稿に誤字が目立つようになった。何度も読み直して確認し納品したはずが、誤字を指摘されることが多くなったのだ。そういえば物忘れも激しくなっている気もした。昨日食べたものも思い出せない。私の脳はどうにかなってしまったのか。小脳が壊れたのか。もう二度と完全復活できないのではないか。そう考えると絶望的な暗い気持ちになり、さらに落ち込んだ。

ラジオドラマ原作応募

小脳梗塞の後遺症の不安を抱え、元気をなくしていた頃。たまたま地元の新聞に載った「ハロー！プロジェクト・ラジオドラマ原作募集」の小さな記事を見つけた。

８００字以内であらすじを書いて送ればいいんだ。この応募条件なら私にも応募できる。横になりながら書いてもいい。ハロプロのメンバーのことはあまり知らないけれど、主人公を少女達にすればいい。賞金が手に入り、ラジオドラマとして放送されて、ＣＤが全国発売されるなんて、夢みたいな話だ。入選すればパソコン一台で夢の作家生活が送れるかも。夢の印税生活はもう目の前だ。そうなったらデスクワーク中心になる。乗り物酔いも閉所恐怖症も気にしなくてもいい。

私の都合のいい妄想は膨張し、しばらく捕らぬ狸の皮算用状態に酔いしれた。

まあ、当時の心理状態を正直に告白するなら、落ち込んでいる絶望的な気分を紛らわすために、少しでも明るいこと、おもしろいこと、より元気が出るようなことを無理にでも思い浮かべようとしていたのだろう。

さて応募するにしても、ではどんなあらすじにするか。

私は寝転んだまま考えた。どうせハロプロメンバーの顔もキャラもよく知らない。自由な発想でストーリーを練ることに決めた。そのときぼんやりと頭に浮かんだのはスポ根コメディ。当時女子ソフトボール競技が注目を集めていたので、廃部寸前の弱小社会人チームが、魔球や奇想天外な打法などを駆使して活躍するみたいなドラマはどうかと考えた。そこに定番の恋愛をからめることにしよう。主要舞台を大阪として、大阪と長崎の遠距離恋愛シチュエーションを入れてみてはどうか。ハロプロメンバーが「長崎」を連呼したらきっとおもしろい。よし、この内容なら800字程度で表現することも可能だ。

書き散らしたメモをもとに、まず下書きを書いて、私は原稿用紙に清書することにした。

ラブリー！　ミラクル！　ソフトボール！

花波りんどうは、大阪市のあるスポーツ用品販売会社勤務で、女子ソフトボール部の部員。20歳になったばかりだ。今春、片思いの同僚諏訪勇気が大阪本社から長崎支社へ転勤になるが、思いを打ち明けられないまま。チームメイトに相談し、送別会のあとで告白する決意をしたものの、初めてのお酒と緊張感のあまり酔っぱらってしまい、告白できないまま送別会は終わってしまう。親友でチームメイトの野々村ひまわりは「長崎まで彼を追っかけて」と後押しするが、なかなか決心がつかないりんどう。そんなある日、29連敗中のチームは不況のためにあと1敗すれば廃部と会社の方針が決まる。崖っぷちに立ったチームは部存続のために全員一致で必勝を決意する。ついでに、もし試合に勝ったら長崎に行き告白することをりんどうは誓わされる。翌日からチームと愛の勝利のための猛特訓が始まった。定年間近の窓際監督小野寺万作もチーム再生のために奮い立った。彼はもともと人間工学とスポーツ力学が専門。ボールとバットの間の距離をなくしてジャストミートする「遠距離恋愛打法」を考案し、空振りばかりのりんどうを指導した。その他、速球が苦手な選手に目をつぶったままバットを振り抜く「秘打出会い頭の恋」、ノーコン投手には投げキッスの要領で投げさせる「ラブリー！　ミラクル投法」など、秘打・秘技を次々に編み出し、選手に伝授した。そしていよいよ春のリーグ戦初戦を迎えた。相手は昨年秋期リーグ準優勝の強敵だったが、小野寺の作戦が功を奏し、最終回にりんどうの「遠距離恋愛打法」が爆発、大逆転で感動の勝利を奪う。試合から一週間後、チームメイトに見送られながら、りんどうは新大阪駅を出発し長崎へ向かった。今度こそ自分自身の恋の初勝利のために。

こんな自分でもつい笑ってしまうような内容が、映像のないラジオドラマとして通用するのか、自信があった訳ではないが、自分自身がこんなドラマがあったらきっとおもしろいだろうなと感じたので、その直感を信じて応募することにした。

応募作品をポストに投函したのが3月6日。そして優秀作入選の嬉しい連絡があったのが前述の通り4月22日という訳だ。

連絡のあったその日は、興奮したのか血圧が上昇し、少しふらついたが気分そのものは悪くなかった。原作者として放送時に名前が紹介されるだろうし、全国発売のＣＤになった場合も解説書に名前が載るだろう。何よりもどんなドラマになるのか、出演者は誰なのか、これは楽しみだ。これから現実に起こるであろうことをあれこれ考えてみると、その日は体調の悪さよりもむしろ高揚感みたいなものが勝っていたように思う。

その年の12月25日（日）、入選ドラマはＭＢＳラジオで放送された。放送用の脚本では、当時ハロプロに実際のチームがあったフットサルチームという設定に変更になり、『ラブリー！　ミラクル・フットサル』というタイトルとなった。ちなみに私が考案した「遠距離恋愛打法」は「遠距離恋愛シュート」と変化して放送された。ドラマには当時フットサルチームに所属していた柴田あゆみ（メロン記念日）、吉澤ひとみ（モーニング娘。）、斉藤瞳（メロン記念日）らが出演。ＣＤとして全国発売されたのは、平成18（２００６）年7月26日のことだった。

シーハットおおむらのミュージカル原案募集

ラジオドラマの原作募集に応募した作品が優秀作に選ばれ、私は気をよくした。もしかしたら、一進一退を繰り返す小脳梗塞の後遺症でライターの仕事ができなくなっても、小説や脚本を書いて、食べていけるかもしれない。

賞金10万円を手にした私は、年甲斐もなく「根拠のない自信」に浮かれた。そういえば、平成13（2001）年に長崎新聞社が募集した新春小説に入選し、『演歌屋ブンちゃん』という作品が新聞紙上に掲載されたこともあった。当時長崎で活躍し始めていたチンドンかわち家さんこと河内隆太郎さんを主人公のモデルとして書いた小説だった。あの時も賞金は10万円だった。

夢の印税生活。私の妄想に近い「ああ勘違い！」は頭の中でぐるぐると暴走を始めた。

しかし、気分は高揚しつつも平成17（2005）年のゴールデンウィーク前後の体調は日替わりで変化した。頭痛にめまいに吐き気の三重苦に、新たな胃痛が加わっていた。めまいのせいで長時間パソコンに向かうこともできない。何ともいえない気分の悪い状態が断続的に続いていた。食欲がないので、体重は半年前に比べて13キロも減った。私の姿を見た知人から「まるで別人のようだ！」と驚かれたのもちょうどその頃だった。

体調の不安定な日々が続いていた6月初め。たまたま目にとまったのがシーハットおおむら主催の「求む！　ミュージカル原作　あらすじもOK」という地元新聞の記事だった。記事には「来年3月に上演するシーハット市民ミュージカルの原作やアイデアを募集している。」となっていた。

ミュージカルのことはまるっきり分からないが、要するにラジオドラマのようにあらすじや構成を考えればいいんだ。頭の体操にもなるぞ。これは応募するしかない。ラジオドラマの次はミュージカルの舞台だ。

またまた直感的に私はそう思い込んでいた。

応募要項によれば、完成したミュージカル作品は大村と東彼杵《そのぎ》で公演されることになっているという。大村湾に面し旧大村藩時代につながりの深い大村市と東彼杵町をテーマに独創的なミュージカル制作を目指すらしい。

そこで大村の郷土料理の大村寿しと東彼杵町の特産品であるお茶を題材にして、「大村寿し食いねえ！　彼杵茶飲みねえ！」というタイトルがぱっと頭に浮かんだ。今当時を振り返ってみても、どうしてこんなタイトルが浮かんだのかさっぱり思い出せない。ミュージカルの題材としてふさわしいとも思えない。だが、民話・昔話のストーリーや地域色などを取り入れ、小学生が生まれ育った故郷の食文化を調べ、紹介していくという私が考えたストーリー案は、当時の自分の頭の中では物語として一本筋が通っていた。

そんな経緯で、原作案をポストに投函したのが6月9日。シーハットおおむら（当時の財団法人大村市振興公社）から返信が来たのが約1カ月後のことだった。「原作は現在選考中だが、何人かの応募者に7月10日に集まってほしい」と書かれていた。

その連絡内容を読み終えて、私は一瞬考えた。

これって最終面接ということか？　参加者の応募作品から原作を選ぶということか？　それならとりあえず参加してみるしかないか。

召集日の前日、ちょっと不安だったので、シーハットおおむらに電話して「集まって何をするのか？」と質問してみた。すると、「原作は参加者みんなで意見を出し合って決めていきたい」という返事だった。担当の方から「興味があればボランティアスタッフで手伝っていただいてもけっこうです」とも説明された。

ボランティアスタッフって何だ？

私の興味は自分の作品が原作として選ばれる可能性があるのかどうかなので、その日は要領を得ないまま電話を切った。

原作を話し合いで決めるのならば、わざわざ公募しなくてもいいのではないか。正直なところそう思った。まあ、東京から演出や振付の指導者も参加するという説明だったので、それまで演劇経験のない私にとってはいい勉強にもなるか。この先別の作品の原作や脚本を書くチャンスが生まれるかもしれない。

そのときはそんなふうに思い直し、参加することに決めた。

初めてのシーハットおおむら

そして翌日。一番の心配は体調の悪いときに起こる乗り物酔いのことだった。大村まては長崎駅から電車で行くことにしていた。だが、50分ほどの乗車時間に耐えられるかということが切実な問題だった。

私は緊張しながら電車に乗った。動き出してからずっと目を閉じていた。しばらくして、特急列車待ちのために暗いトンネル内で電車が停車すると、案の定閉所恐怖症の症状が顔を出した。停車している間、私はこぶしを握りしめて目を閉じ、手に汗がにじむのを感じながら再び動き出すのをじっと待った。ようやく大村駅に到着したときには安堵感と疲労感が同時に襲ってきた。そして帰りの電車のことを考えるとまた気が重くなっていた。

大村駅から地図を見ながら歩くこと20分。到着したシーハットおおむらの会議室で、市民ミュージカル次回作のコンセプト会議が始まった。集まったメンバーは、演出の菊池准さん、振付の大原晶子さん、歌唱指導の村嶋寿深子シーハットおおむら館長や制作スタッフ、それに原作案応募者の6名で、計14名だった。私以外の応募者は全員過去の市民ミュージカル出演経験者で、初参加は私ひとりだけだった。

会議が始まってみると、(たぶん事前の選考で) 原作案はほぼ決まっていたのだろう。砺山《とやま》敏秀さんと川尻敏生さんのふたつの応募作を結びつけて、応募者はそれぞれシノプシス (あらすじ) を書いてほしいという流れになった。この時点で私の原作案は却下されたことを知った。他の応募者はみな顔見知りでリラックスしていたが、初顔の私には共通の話題がなく、話の内容にもついていけない。とくに私から発言することもなかった。それでもシノプシスは書いてみようと思った。会議は約4時間にも及び、体力がもつのか心配したが、かなり疲れたものの、緊張し気を張っていたせいか何とかその日は乗り切った。

次回作の脚本落選

初会議から12日後。シノプシスを考えてシーハットおおむらに送った。

もう一度会議に呼ばれたのは8月6日のこと。その場で次回作の脚本は大村市の歯科医砺山敏秀さんが書くことに決まった。砺山さんは前回のシーハットミュージカル『どあろ』の主役のひとりだ。今回は役者と違うところから何らかのかたちで参加したいと思い、原作募集に応募したということだった。

そのときの砺山さんの原作案タイトルは『アオの海とタイチの森 ～琴の天女が託した夢～』。砺山さんが脚本担当に決まったのは、何となく前回の会議の流れから当然の結論のように思えた。それはイコール私のシノプシス案が採用されなかったということを意味した。そうと決まればここに私の居場所はない。これでシーハットおおむらとは縁が切れる、正直そう考えた。

だがちょっと待てよ。縁がなかったとそう思いつつも、一方ではある別の考えがひらめいていた。

市民ミュージカルの制作開始から舞台が完成していくまでの過程を、フリーライターとして取材してみるのもおもしろいかもしれない。仕事として密着取材を続ければ、同時に脚本の書き方も学べるだろう。戯曲講座の菊池さんにも「もう少しこのまま続けてみてはどうですか？」というようなことをいわれていたじゃないか。

よし。自分の心の中でそういう関わり方をしようと決断すると、私の次の行動は早かった。シーハットおおむらの了解を取り、月刊『広報』（日本広報協会）の知り合いの編集者に連載企画をもち込み、3日後には全8回の連載が決定した。その頃、月刊『広報』編集部に別の連載でお世話になっていたので、すんなりと話がまとまったのだ。実はこの連載企画が、その後の市民ミュージカルに深く関わっていくきっかけになっていくのである。

歴史ガイドブックの仕事依頼

市民ミュージカルに関わり始めたちょうど同じ頃、自分の体調と相談しながら、いくつか新しい仕事を始めていた。

平成17（2005）年の春頃から夏にかけて、『長崎歴史文化観光検定（通称長崎検定）』公式テキストブックと長崎県企画の歴史ガイドブックの創刊準備に関わることになったのだ。このガイドブックは「ながさき歴史発見・発信プロジェクト」の一環で発行される予定の小冊子で、後に『旅する長崎学』シリーズとして長崎文献社から発行されることになる。

県の担当者の方と初めて打ち合わせをしたとき、ひとつのテーマで冊子のひな形（サンプルページ）となる企画案を提出してほしいという要望が出た。それで創刊号の特集テーマの予定になっていた「キリシタン文化編」にふさわしい内容をピックアップしようと考えて、長崎の大浦天主堂で起こった「信徒発見」という歴史的なテーマを選び、サンプル原稿を書いて企画案を担当者に提出した。この日本カトリック史上の奇跡ともいわれた「信徒発見」というテーマが、後々私が書くことになる市民ミュージカル脚本の題材になろうとは……。このときはもちろん想像すらできなかった。

ガイドブックの企画案を提出した3日後。シーハットおおむらで市民ミュージカル次回作の出演者・スタッフ向け説明会が行われたので、さっそく取材を始めることにした。

説明会では次作品のタイトルについて検討中ということで発表されなかった。「この物語は特定の時代の史実をもとにしたものではなく、大村と東彼杵にまつわる伝承をヒントに創作されるファンタジー・ミュージカル」とだけ発表された。

その日初めてシーハットおおむらの村嶋寿深子館長と藤崎澄雄事業係長にゆっくり挨拶する機会があった。翌日には月刊『広報』編集部に説明会の取材原稿を送り、いよいよ9月号から連載（全8回）がスタートすることになった。連載のタイトルは「市民ミュージカルにかける夢　～シーハットおおむらの挑戦」だった。

完成した第1回目の連載記事の末尾には、「長崎県大村市民と東彼杵町民が参加する市民参加型ミュージカル《シーハット市民ミュージカルVol.4》の準備から完成までを、自身も原作・脚本づくりのスタッフの一人として参加する長崎市在住のフリーライター・小川内清孝氏が、主催者や出演者、裏方スタッフの思い、公演までの道のりをリポートします（8回連載）。」との紹介文が掲載されたのである。

市民ミュージカルの取材始める

月刊『広報』の取材という名目で、私はシーハットおおむらの市民ミュージカルの創作過程に密着することになった。9月11日、10月号で掲載予定のキャスティング・オーディションを取材することにした。取材とはいえ私が関わる初めてのミュージカル作品だ。

中学2年生のときに卒業生を送り出す会で劇をやることになって、体育館で上演した舞台に出演した経験はあった。クラス全体で脚本を考え、演出をして出演した。だが、ただウケ狙いのドタバタ劇だったので、演劇にふれたというものではなかった。だからミュージカルの戯曲作り、ワークショップ、キャスティング・オーディションなど、演劇経験のない私にとって、見るもの聞くもの体験するものすべてが新鮮で刺激的な日々となっていた。

ただ、精神的には高揚していたが、体調が完全に回復した訳ではなかった。9月に入って、寒暖の差が大きくなったからか、また体調が悪くなった。首筋が凝って、5月の頃のような何ともいえない気分の悪さがぶり返した。小脳梗塞の後遺症は8割がた消えつつあったが、残りの2割が問題だった。完全回復はなかなか難しかった。

連載リポート

市民ミュージカルにかける夢

～「シーハットおおむら」の挑戦

小川内清孝 stage.01

ミュージカルの面白さを通じてまちの素晴らしさを再認識してほしい

月刊『広報』連載の誌面

市民ミュージカルの打ち合わせ中や取材中にときどきめまいが起きた。まだ乗り物酔いの症状が続いていたので、大村行の電車の中は落ち着かなかった。とくに行きの車内ではずっと緊張していた。暗いトンネル内に電車が停車する度に相変わらず苦痛を感じ、行き合いのための停車時間がとても長く感じられた。

平成17(2005)年の秋。この頃

の私の走り書きのようなメモ。

この秋は仕事の秋。通常のライターの仕事と市民ミュージカル取材に没頭してみよう。その先に何かあるのか、何もないのか。昨年9月の小脳梗塞発症以来、喜びや笑いや楽しむ心を忘れた。それでも淡々と生きなければならない。命に縁があっただけ幸せか。そう思えば他に何もいらないか。だが、後遺症は苦しい。辛い。

元気そう　声かけられて　辛くなる
皮肉にも　病がくれた　ダイエット
今となりゃ　動悸めまいが　お友達

メモにはリハビリ川柳まで作って、いい歳をして恥ずかしい話なのだが、たぶん当時の偽らざる心境だったのだと思う。あの頃は後遺症のせいでいつも楽しみにしていた飲み会や遊びの誘いを断っていた。感情の起伏も乏しく、心から笑うことも楽しむことも忘れ、大げさに例えれば「人生の砂漠」を歩くような毎日だった。

村嶋寿深子館長を取材

10月の初め、NTT西日本福岡支店発行の情報誌『Bios』の長崎県取材担当の仕事を始めた。その創刊号の取材先が、私が提案していたシーハットおおむら（財団法人大村市振興公社）に決まった。それで村嶋寿深子館長にインタビューすることになった。

取材日は10月7日だった。そのとき初めて村嶋館長の華麗で輝かしい経歴を聞いて、正直、こんなにすごい人が大村に住んでいるということに驚いた。

エリア情報

(財)大村市振興公社「シーハットおおむら」

手作りの市民参加型ミュージカルを育てる

Nagasaki

長崎県大村市にある「シーハットおおむら」では、過去3回の市民参加型ミュージカルを実現してきた。その歌唱指導に当たってきたのが、村嶋寿深子館長だ。村嶋館長は、大村市生まれの声楽家で、東京芸大声楽科卒業後、渡米。ブロードウェイ・ミュージカル「王様と私」ではユル・ブリンナーと共演という輝かしい経歴の持ち主である。

東京でコンサートの企画・制作などの仕事をしていた村嶋さんは、2年前、松本崇大村市長の要請により「シーハットおおむら」の館長に就任した。就任の決めてになったのは、市長の「カルメン故郷に帰るという、人生の集大成にしてはどうか」との粋な口説き文句だったという。

「市民ミュージカルは継続することが大切。参加者のレベルの違いや集まりが悪いなど悩みもあるが、ハードルを常に高くして、みんなで努力して超えていきたい。来年3月の4回目の公演は東彼杵町との共同開催で、7歳から65歳までの市民が参加する。今は東京から指導者に来てもらい制作しているが、10年目には大村市内合奏団の生演奏で、大村市民の手作りミュージカルに育てたい」。熱く語る村嶋館長の目は「ミュージカルによる街づくり」を見すえていた。

07 BIOS

情報誌『Bios』の記事

大村市本町生まれの村嶋館長は、東京藝術大学声楽科卒業後、1961年にオペラ『修善寺物語』出演のために渡米。アメリカの西海岸でオペラやリサイタルで活躍中にブロードウェイミュージカルのオーディションに合格し、ニューヨークに移住。オペラやミュージカルなど数々の舞台に立ち、メノッティ作曲のオペラ『タム・タム』にインドラ役で出演、ミュージカル『王様と私』ではユル・ブリンナーと共演するなど、ニューヨークを中心に活躍した。

帰国後も『レ・ミゼラブル』や松本幸四郎主演の『ラ・マンチャの男』などのミュージカル作品に出演。東京ディズニーランドでショー制作を3年経験し、その後テレビマンユニオンに所属、カザルスホールをベースにコンサートの企画・制作を約15年間行った。

2003年に当時の松本崇大村市長の要請でシーハットおおむらの館長に就任。県内初のプロオーケストラであるOMURA室内合奏団を設立。市民ミュージカルの制作や歌唱指導など、地域の若い人材育成にも情熱を注いでいた。

年齢を感じさせない精力的で魅力ある人生の先輩が村嶋館長だ。その経験を惜しげもなく次世代を担う人材に注ぎ込んでいる。取材を通して、村嶋館長の存在は大村市というより長崎県全体の誇りだと感じた。

「市民ミュージカルは継続することが大切。参加者のレベルの違いや（稽古の）集まりが悪いなど悩みもあるが、ハードルを常に高くして、みんなで努力して越えていきたい。来年3月の4回目の公演が東彼杵町との共同開催で、7歳から65歳までの市民が参加する。作品を通して大村と東彼杵のすばらしさ、まちの自慢できることを伝えていきたい。今は東京から指導者に来てもらい制作しているが、10年目には大村室内合奏団の生演奏で、外部の支援を受けずに、地元の出演者とスタッフだけで制作できる人材を育てたい。大村市民の手作りミュージカルに育てたい」

市民ミュージカルについてインタビューした中で、とくに印象の残った村嶋館長の言葉である。

この日の取材を終えて、シーハットおおむらの活動と過去3回実施してきた「シーハット市民ミュージカル」に、私はますます興味を抱くことになったのである。

第2章　ファンタジー・ミュージカル

『具足玉伝説《そないだま》〜カイトの海・タイチの山〜』

4作目のミュージカル作品、始動

シーハット市民ミュージカル4作目の作品は、前述の通り6月に原作募集、8月に親子ミュージカルワークショップを開催し、出演者や制作スタッフの募集を行った。注目は長崎県大村市と東彼杵町が共同開催すること。シーハットおおむらとしても初めての試みだった。全国的にもめずらしい取り組みだということだった。

原作募集に応募した関係で、私は制作委員会のメンバーとして参加しながら、市民ミュージカルの準備から完成までを取材させてもらうことになった。

平成14（2002）年に大村市制六十周年記念事業としてスタートしたシーハット市民ミュージカル。ミュージカルを記念事業に選んだ理由は、歌とダンスと芝居の三要素のあるミュージカルという形が、広く市民に参加を求めやすいのではないかと判断されたからだ。大村発のオリジナルミュージカル制作の醍醐味とおもしろさを通して、自分達の生まれ育ったまちのすばらしさを再認識し、自慢できるまちづくりにつながればとの思いがあったという。

平成17（2005）年3月には、3作目の市民ミュージカル『どあろ』が上演された。戦中戦後の大村を舞台としたラブロマンスで、戦争の悲惨な記憶や平和への願いを「どあろ（どうってことないさという意味）」という大村の方言をキーワードにして描かれた作品だ。

しかし、連続3回公演を実現した市民参加型ミュージカルにも、やはり悩みはあった。出演者・スタッフは制作期間の約半年間を準備や稽古に拘束されるため、参加をためらう市民も多かったという。

そこでシーハットおおむらでは、4回目の作品制作に向けて、参加者のすそ野を広げるために、初めての試みとして夏休み期間中に親子でミュージカルの楽しさを体験してもらう、一週間のワークショップを開催したのだった。こうして新たな市民ミュージカル制作がスタートしたのである。

キャスティング・オーディション

その年の猛暑がようやく峠を越え、大村にも秋空が広がった。

9月9日から3日間の日程で、次回作のキャスティング・オーディションのためのワークショップがシーハットおおむらで開かれた。本番の公演が行われる予定のシーハットおおむらのさくらホールが会場となった。

私は2日目から取材をすることにした。

参加者にはワークショップ中にプロ指導者から課題が与えられ、最終日のオーディションで歌唱、演技、ダンスの発表を行うことになっていた。市民ミュージカルの参加者にとって、第一線で活躍するプロの指導を受けることは非日常の得がたい貴重な体験になる。ワークショップが始まると、本番で使用する舞台の上で、参加者は真剣かつ楽しく課題に取り組んでいた。

ここでシーハット市民ミュージカルを支えていた主な指導者を紹介しておく。

歌唱指導は村嶋寿深子シーハットおおむら館長（当時）。

演技指導を担当するのは劇団昴（当時）の演出・脚色家の菊池准さん。菊池さんは劇作、脚色、演出と多彩なジャンルで活躍中だった。平成2（1990）年に脚本・演出を手がけたダニエル・キイス作の『アルジャーノンに花束を』は、新劇界で記録的な大ヒットとなっていた。長野県駒ケ根市や相模原市など、全国各地のワークショップや市民参加舞台にも積極的に参加し、ジャンルを越えて活動の場を広げ、熱い指導に当たっていた。

「回数を重ねているので、目標を高くもっていきましょう。本番でかっこよくできるようにがんばりましょう」

ワークショップ参加者全員を前にして、菊池さんはこう挨拶をした。

ダンスなど振付を指導するのは振付師の大原晶子さん。大原さんはミュージカルを中心にオペレッタ、コンサート、子ども番組などの振付・演出を多く手がけ、菊池さん同様全国各地のワークショップや市民参加舞台などでもエネルギッシュな指導を行っていた。

今回のワークショップでは、過去3回のミュージカル経験者が多く参加していたため、演劇初心者の私から見れば課題の飲み込みが早く、稽古は小気味よく進行していった。期間中、指導陣の的確な指導と参加者の自主的な練習が繰り返された。

迎えたワークショップ最終日。いよいよのキャスティング・オーディションが始まった。挑戦したのは7歳から65歳までの男女29名。課題として与えられた芝居のセリフ、歌唱、ダンスの舞台発表がたっぷり3時間近く続いた。中には緊張のあまりセリフや歌詞を忘れる参加者もいたが、みんな前向きに真剣に取り組んでいた。

老若男女が果敢にオーディションに挑戦する姿を見ていて、演劇と向き合うのに性別も年齢もあまり関係ない、私は素直にそう感じた。

ワークショップ終了後の全員を集めたミーティング。指導陣は今後に向けて、「成果を出すためには練習しかない（菊池さん）」、「うまくできるできないではなく、瞬間の集中力を養うこと（大原さん）」と締めくくった。

オーディション終了後スタッフが集まり、結果をもとに同時進行中の脚本に登場する役をすり合わせて、キャストの選考が行われた。市民参加型の舞台はプロの舞台のオーディションとは違い、誰かが落選するということはなく、全員に何らかの役が振り分けられる。制作委員のひとりとして私も選考に参加させてもらったが、参加者のために役を増やしたり減らしたり、歌やダンスシーンを新たに考えたり、市民参加型の舞台らしく全員の個性を大切にしながら役を決めていった。その細かいキャスティングに、私は指導者の情熱と愛情を感じていたのである。

舞台稽古開始

10月の初め。次回作の正式タイトルがファンタジー・ミュージカル『具足玉《そないだま》伝説～カイトの海・タイチの山～』に決まった。制作委員会で内容をもみながら、砺山敏秀さんが脚本を書いたものだ。

ここで『具足玉伝説』のあらすじを紹介しておく。

『具足玉伝説～カイトの海・タイチの山～』プログラム

これは古代のお話です。具足玉の国から遠く離れた東の国で、激しい戦いが繰り広げられています。海の国の民カイトと山の国の民タイチは、負け戦の戦場を逃げ出し、西にあるふるさと具足玉の国を目指します。途中でカイトは傷つきますが、2人は天女のように舞い踊る旅の一座のイザナミ達に助けられます。その頃の具足玉の国は海の国と山の国に分かれていました。この国には国や民を守る三つの宝玉（具足玉）が古くから伝わっていました。タイチは山の国に戻りみんなを説得して、山を切り開き木を売って豊な国をつくりました。一方、海の国は貧しいまま不漁が続いていました。そこへイザナミのすすめで鯨捕りの技術を学んだカイトが帰り、捕鯨で国はみるみる豊かさを取り戻します。ある日、カイトは市場で幼なじみのタイチの妹ミナヅキと再会し、愛し合うようになります。タイチの活躍で繁栄を極めた山の国でしたが、やがて山は荒れて作物が育たなくなり雨も降りません。仲のよかった二つの国にも喧嘩が起こるようになり、対立が続きます。そんな折、ミナヅキは三つの具足玉と山の国の危機を救うために、山の龍神様の生け贄《にえ》となり、自ら命を捧げる決心をします……。（ファンタージ・ミュージカル『具足玉伝説　～カイトの海・タイチの山～』プログラムより抜粋）

10月9日、東彼杵町総合会館文化ホール・グリーンハートホールで行われた稽古を取材した。

当日の稽古内容は台本の読み合わせだった。砺山さんが書いたものに演出の菊池さんが手を入れて完成したばかりの台本が全員に配られた。菊池さんは台本を手にしながら、「まったくのオリジナルを自分達が一から創っていく」と説明した。全体の流れをつかむことと各自の出番やセリフの確認の意味で、さっそく読み合わせが行われた。

台本作りで砺山さんは、出演者の個性を思い浮かべながら、出番やセリフを考えたそうだ。だが、実際に読み合わせをしてみて、紙の上のセリフと役者が声を出して読み上げるセリフとのイメージの違いを感じたという。読み合わせを聞きながら私が感じたことも、文字を追って黙読するのと声を出して読むのとでは、まったく違う発見があるということだった。役者のもつ個性に関係するのかもしれないが、自分の計算にないおかしさも感じられた。血の通った人間がからむことによって、台本に新たな命が吹き込まれていく。そういう思いを強くした。

10月29日、菊池さんの指導で発声や呼吸法の練習が行われ、役作りが始まった。一景ごとにセリフや演技合わせをしながら、菊池さんがアドバイスをしていった。役の人物はどんな男か、相手役との関係性はどうか、主役の2人の男性を前にして菊池さんは問いかけた。役者自身が描いている役柄のイメージギャップを、菊池さんが丁寧《ていねい》かつ的確に指摘していった。

午前中には、スタッフと舞台美術関係者の打ち合わせがあり、舞台装置や基本になるセットのイメージができあがっていった。午後は合唱の練習と第一景から四景の立ち稽古が行われた。本番に使用する予定のさくらホールが稽古会場だったので、舞台セットを念頭に入れて、セリフや演技の稽古が繰り返し行われた。

まずは台本の修正になった部分を全員で確認。菊池さんはセリフを確認しながら、本番舞台を想定した説明を行い、出演者に細かく動きを指示し、立ち位置や動作を確認した。その場の気持ちや舞台の出と入りのタイミングなど、出演者の疑問・質問に丁寧に答えていった。セリフや演技を繰り返しながら、少しずつ台本を修正し、言葉がクリアに発せられるようにキャラクター作りを行った。

翌日、引き続き第四景の稽古が行われた。菊池さんの指導方法は、役者に考えさせながら自主性を引き出し、アドバイスしていくやり方だった。

稽古の合間のお昼休みに、『具足玉伝説』に出演する本岡詮さんと話をする機会があった。本岡さんは元銀行員で第1回目のシーハットミュージカルから参加していて、当時65歳の最年長出演者だった。「若い人に比べて歌や踊りは苦手だ」とご本人の弁だが、与えられた役に果敢に挑戦している印象があった。3回目の市民ミュージカル出演となる本岡さんは、若い人中心のミュージカルに大人役として欠かすことのできない存在だった。

以前参加したミュージカルでは、本番直前の稽古（ゲネプロ）でセリフを忘れて頭の中が真っ白になる経験をしたそうだが、本番では気持ちを切り替えて何とか乗り切ったという。「自分が参加することによって、同じ世代の参加者が増えればという思いで挑戦しています。年齢は意識しないようにしています。毎回若い人との交流が楽しみです」と本岡さん。

『具足玉伝説』の本岡さんの役は、村の長老で知恵袋といえるジイジ。日照り続きの村の危機を救うためにあれこれ思い悩む役どころだ。その日の舞台稽古でも、演出上の演技や動きを確認しながら真剣に取り組む本岡さんの姿があった。

本岡さんの話を聞いていて、このような参加者達の存在が地域ミュージカルの一端を支えているのだ、そういう思いを強くした。私は月刊『広報』の次号の原稿で本岡さんのことを紹介することに決めた。

芝居とコミュニケーション

その後も取材ライターとしてまた制作委員という立場で、稽古に立ち会った。まだときどきふらつくこともあり、ＪＲの電車に揺られて大村に向かうのはやはり苦痛だった。だが、演劇やミュージカル初体験の私の目にはすべてが新鮮なものに映っていた。体調不良に勝る心を動かす何かが、市民ミュージカルにはあった。

その頃、菊池さんから北原白秋作の「五十音」と歌舞伎のセリフの「外郎売《ういろう》り」の早口言葉のような長い口上を各自で発声しなさいとの課題が出された。「あめんぼあかいなあいうえお……」、「せっしゃ親方と申すはおたちあいのうちに……」という、中・高校生演劇や劇団などではおなじみの滑舌の練習法なのだが、私はそのとき初めて知った。できるだけ息を長く使ったり、口の動きをスムーズにしたりする効果があるらしい。私も試しに「外郎売り」の発声練習をしてみることにしたが、舌がもつれて、なかなか難しかった。

市民ミュージカルに関わって以降、私の視点は観客席側で舞台を眺める風景から舞台側から観客席を眺める風景へと変わった。何ができる訳でもないのに、生意気にもちょっとした演劇人気分を味わっていた。稽古が終わる頃には、年甲斐もなく充実感が体内を満たし、帰りの電車には高揚した気分で乗り込み、乗り物酔いの不安もすっかり忘れていた。

稽古と同時進行で、砺山敏秀さんの脚本が少しずつ完成していく過程にも立ち会った。しかし、砺山さんの苦悩する姿を垣間みて、想像以上に苦労が多く大変な作業だということが理解できた。単に物語を紡ぐだけではなく、大村の歴史や風土、演劇、ミュージカル、舞台、歌唱、音楽、あらゆるジャンルに精通していないと脚本は書けないという事実を知った。残念ながらその頃の私にはすべてのジャンルの能力に欠けていた。

こりゃ夢の作家生活や印税生活は当分無理だな。まだまだ経験が足りない。修行が足りない。

素直にそう実感した。砺山さんは前作の『どあろ』に主演経験があり、合唱経験もあるということだったので、最後までねばり強く脚本が書けたのだと思った。私の大きな課題は演劇全般についてもっともっと知ることにあった。

11月21日、稽古前に演出の菊池准さんと振付の大原晶子さんと話をする時間があったので、プロとして市民ミュージカルに関わるおもしろさや魅力について質問してみた。

菊池さんは「大村の市民ミュージカルは毎年成長している。関わる楽しみは新鮮さ。

アマチュアの思ってもみなかった予想外の反応を、逆にプロの演出にもち帰っている。そういうおもしろさもある」。大原さんは「市民のエネルギーを感じる。みなさん学校に通ったり仕事をしたりしながら、日常生活の外で集中するがんばるエネルギーはすごい。出演者にとっては一生に一度の自己実現・自己表現の場かもしれない。（回を重ねて）最近では連続して挑戦する出演者が、身体や声を使って表現する本能的な喜びを感じるようすを見ることに楽しみがある。市民ミュージカルには、地域の人々とお互いにある期間立ち止まって、すれ違っていくおもしろさがある」。

こう語る2人の熱い指導者。市民ミュージカルに愛情と魅力を感じるからこそ、高いレベルを求めて稽古も長く厳しいものになるように感じた。

11月も後半、初稽古から2カ月あまりが過ぎた。出演者の演技の硬さや緊張感は少しずつほぐれていった。

その頃の指導のテーマは、演技中のコミュニケーション力や集中力に移っていった。稽古中は自分の演技やセリフのことで精いっぱいなので、周囲を見渡す余裕がなく、まだ芝居の流れが途切れている状態だった。個々の演技がバラバラで連続性がなく、しかも生活感のない観客に伝わらない芝居になっているということだった。

そこで、問題点を解決するためのスタッフミーティングが行われ、演技中の役者同士のコミュニケーションや連携をとるために、他人の動作と自分の動作が連続するようなゲームや、配役上の人間関係や生活の背景を考えるワークショップを実施することになった。

このワークショップには、出演者の他、裏方スタッフも参加して行われた。そこで私も取材の一環として参加させてもらうことにした。市民ミュージカルの場合、表の主役は確かに出演者達なのだが、地元の指導者や裏方を仕切るスタッフ達の存在を決して忘れてはならない。裏方スタッフは稽古全般のスケジュール管理から欠席者の代役までこなす。プライベートな時間を割いて月数回の稽古に立ち会う。こうした表と裏の主役の気持ちがひとつになって初めて集中力のある舞台が完成していくのである。

12月初旬、菊池さんは先月の稽古と同じシーンを繰り返し指導していた。出演者を前に、「山の村の生活を劇場サイズで表現する。芝居は技術を使いながら自然に見せなければならない。だから難しい。セリフの背景にはそのときの気持ち、反応、生活がある。芝居は頭ではできない。だから長い稽古が必要で、長い稽古の中で生活感が出てくる。自然な芝居が楽にできるようになる」と語りかけた。

菊池さんの厳しく熱心な指導は続いた。私には少しずつ芝居の流れができて、出演者の演技レベルが上がっていくように感じられた。

12月中旬から大原さんによるオープニングの戦闘シーンの振付が始まった。

ある日の戦闘シーンの稽古では、どういう経緯だったか忘れたが、シシガキという役の代役を私がやることになった。代役として実際にホールの舞台に立ってみると、見るとやるとは大違い。動きの激しい演技はとても難しかった。

市民ミュージカルの稽古に2カ月間立ち会ってみて、気づいたことのひとつに「役が人を育てる」ということがあった。主役の人達はもちろんだが、脇役からエキストラまですべての出演者にいえることだ。芝居の世界には「与えられた役がその人を成長させる」ことがあるという。

与えられた役を演じるために、脚本にはない部分のその役の人生を考えていく。いつどこで生まれてどんなふうに生きてきたのか。家族構成は？　性格は？　職業は？　趣味は？　服装は？　そんな背景を考えて、舞台上のセリフや演技に反映させていく。登場人物のサブストーリーを構築するその作業は、もうひとりの自分の人生を生き、考えることでもあった。真剣な役作りの中で、今までの自分になかった考え方や人生観と出会うこともあるという。稽古の代役ではとても経験できないことだ。そういう気づきが役者自身を成長させていくのだと、私は思った。

それぞれの本番1カ月前

年が明けて平成18（2006）年。お正月はおだやかに過ごした。今年はより健康に気をつけて、気負わずにいこう。しかし能動的にいこう。そういう気持ちでスタートした。

長崎県企画の『旅する長崎学』創刊号の打ち合わせや取材が本格的に動き出したのもちょうどこの頃だった。何の冊子でもそうだが、創刊号は大変な労力と時間が必要となる。形のないゼロの状態から形あるものにしていく作業は、どこかミュージカルの作品作りに費やすエネルギーに似ている気がした。

1月の市民ミュージカル稽古では、第一幕の芝居に曲がどんどん入っていった。歌の稽古が増え、だんだんミュージカルらしくなっていく。演技、歌、ダンスの振付の個別指導が増えていく。月末には合唱練習、第二幕の全体を通した台本読み合わせ、振付の稽古などがあり、盛りだくさんの内容だった。3月の本番が近づいていることを実感させた。

この頃、取材を通して気づいたことは、出演者にファミリーのような雰囲気というか連帯感が芽生え始めたことだ。大人の出演者はお互いに気づいたことに声をかけ合い、スタッフからのアドバイスも活発になってきた。主役クラスの出演者もリーダーシップをとり始めていた。私には縦と横のコミュニケーションが自在に織られて、1枚の広い布の作品に仕上がっていくような、そんなふうに感じられていた。

2月に入り、各シーンに分かれての稽古が多くなった。どうしてもうまくいかないシーンなど、グループに分かれて自主稽古をする出演者も目立つようになった。期待と不安が交錯する中、互いに意識して集中する姿が目についた。ベテランのスタッフや関係者にいわせると、そろそろ出演者の顔つきが変わってくる時期だということらしかった。厳しい稽古を通して「演技開眼」し、一皮むける出演者も出てくるらしい。ミュージカル初心者が急激に伸びるのもこの頃だ。新人の成長が顕著になると、かえってベテラン役者の存在感のほうが薄らいでいくこともあるということだった。

この時期、私の素人目には全体が順調な仕上がりぶりに見えた。しかしながら、指導陣が出演者に求めるハードルはそれ以上に高かった。自分達で主体的に考えてもらうのが本来の姿であり、細かく指導するのではなく「アドバイス中心の指導が望ましい」というのが、指導者の方針であり姿勢だった。この厳しさは、将来の地元スタッフによるミュージカル制作の実現を視野に入れてのことだったのだろう。

同じ頃、裏方スタッフの活動も活発になった。本番用の小道具や衣装の製作準備が進んでいた。例えば、新聞チラシを利用してのカゴ作り、カズラを使ってのザル作り。廃材を利用して背負い道具を作る。衣装用の布切れや染料を用意する。市民ミュージカルらしく、ほとんど百円ショップで揃うものを経済的に使っていた。「お金を使わず頭を使え！」。スタッフが知恵を絞り、工夫をこらして作り上げていく作業は、見ていてすばらしいと思った。これぞ市民ミュージカルの醍醐味だとも感じた。

制作委員会の中で、私は自称広報担当者を名乗っていた。月刊『広報』の連載を通して、全国の自治体に大村市の取り組みを紹介しようと考えていた。そんな私に、シーハットおおむらの藤﨑澄雄さん（事務局）から公演当日に配布するプログラムの制作依頼が来ていた。原作作りから参加している私としては、仕事にもなるし、もちろん喜んで引き受けた。さっそく制作準備に入ることにした。

そこまではまあよかったのだが、その頃、ある悩める「緊急事態」が起こっていた。

「子役のお母さん達と一緒にエキストラ役で出演してほしい」との依頼が、私宛に来たことだった。密着取材のかたわら、ワークショップや代役には調子に乗って気軽に出ていたが、本番の出演は「想定外」のことだ。記事原稿を書く世界とは違い、歌や振付を覚えるのは大の苦手で、（ミュージカル関係者には内緒にしていたが）小脳梗塞の後遺症のこともあり、本番の舞台に立つには正直かなり気が重かった。本番中にめまいや頭痛や吐き気が起きたらどうしよう。無事に終わるか心配だ。今となっては笑い話だが、その頃の私にはかなり切実な問題であり、困ったぞどうやって断ろうかと、本番1カ月前にして密かな頭痛の種になっていた。

初めてのエキストラ出演

1月末、他の仕事があって市民ミュージカルの取材を離れている間に、いつの間にか私の出演を前提にどんどん話が進んでいた。おまけに私用の振付まで決まっていた。合唱の出番まであるという。私はそのことに負担を感じていた。体調も低下気味で、長い時間の稽古に参加するのは正直辛かった。

2月に入って、まずはプログラム制作の打ち合わせを事務局の藤﨑さんと行った。3

月初め、散々迷って返事を先延ばしにしていたのだが、『具足玉伝説』本番２週間前の通し稽古からエキストラ役として稽古に参加することに決めた。他の仕事の予定をやりくりして、ようやく覚悟を決め、役者になりきる決心がついたのだった。一番心配だった健康上の不安より、自分の心の中でミュージカルの魅力が勝った結果だと思う。自分自身にとっても予想外の行動力を発揮していたのだ。

遅れを取り戻すために、私はさっそく合唱の特訓を受け、メロディや歌詞を覚えた。私が出演予定の「雨ごい」というシーンでは、振付が刻々と変化していくので、覚えるのに四苦八苦した。その頃は、運動神経をつかさどっている小脳の後遺症で、脳と身体の動きが一致しないでズレている感覚があった。身体のバランスが悪く、振付を覚える記憶力も怪しかった。しかし、出演者を最高の状態で舞台に送り出すためには、エキストラが失敗して足を引っ張ってはいけない。その思いがずっと頭の中にあった。

本番前の10日間は長崎から毎日大村に通った。出演者と同じ時間を過ごしながら、演技のこと、家庭のこと、趣味のことなど、いろいろ話す機会に恵まれた。子ども達にもようやく顔と名前を覚えてもらい、「オガワウチさん、へんなの！」と声をかけられるようになった。出演者達の心には緊張感とあわただしさと一抹の寂しさが交錯しているように映った。互いの役者名と顔がようやく一致した時期に本番の舞台がやって来て、千秋楽を迎え、翌日にはもう別れていくことになる。もう少しで厳しく長い稽古も終わるのだ。

この頃から緊張や疲労のためか、演技に悩んだり、体調を崩したりする出演者が増えてきた。リハーサル室の片隅で膝を抱えて目を真っ赤に腫らした出演者を見かけることもあった。だが、エキストラ役で苦しんでいる身分では、軽々しくかける言葉が見つからなかった。市民ミュージカルはただ楽しいだけではない。人生の縮図的な側面もある。そんな悩み苦しむ出演者に対して、私は心の中でエールを送ることしかできなかった。

一週間前に行われた公開リハーサルから、出演者は全員本番モードに突入した。その日から本番用の衣装を着て臨んだ。さくらホールの客席には出演者の家族や知人が座って、公開リハを見守った。私個人は、前日の稽古で舞台上の座る場所を間違えてしまったが、公開リハではミスしないつもりで気合いを入れて臨んだ。

さくらホールには舞台装置や音響の関係者が増え、全幕通しのリハーサルが連日行われた。出演者はみなソワソワして落ち着かないように見えた。それだけ本番直前は非日常の時間を過ごしていたのだろう。

私はといえば、ふわふわした高揚感の中を駆け抜けているような感覚だった。出演者達とずっとその場にとどまっていたいような、いつまでも稽古の緊張感が続いてほしいような、軽い興奮状態に入っていたように思う。きっとこれが市民ミュージカルの醍醐味であり、最大の魅力なのだろう。

結局仕事の都合もあり、私の出演シーンは4回公演中2回を川尻敏生さんが出てくれることになり、Wエキストラでやることになった。これで少しは気分的に楽になった。川尻さんは大村在住の脚本家・演出家で第1回目のシーハット市民ミュージカルで主役（大村純忠役）を演じたベテラン。『具足玉伝説』の演技指導も行う地元のスタッフだ。

公演日前日はゲネプロ（本番と同じ状態の通し稽古）が行われた。演出の菊池さんと振付の大原さんのダメ出しが夜遅くまで続いた。驚いたことに、このダメ出しは公演最終日まで続くことになった。演劇初心者の私にとっては、「そこまでやるのか！」と信じられない思いだった。しかし、指導陣は本番直前まで「最高の舞台を観客に提供したい」という妥協を許さない厳しい姿勢を崩さなかった。入場料をいただく舞台にはプロもアマも関係ないということだった。

そして3月18日、いよいよ舞台初日がやって来た。初体験の本番の舞台。出演者、ス

本番の舞台（シーハットおおむら提供）

タッフ、観客が一体となって発するエネルギーを実際に体感した。出演者の普段の生活を知っている地元の観客は、予想をはるかに超えた高いレベルの仕上がりに感動し、惜しみない拍手を送った。これまでのすべての苦労や努力が約2時間あまりの舞台に集約されていた。舞台裏では細かいミスやトラブルがあったようだが、裏方スタッフが協力してフォローし、切り抜けた。一人ひとりの市民が総力をあげ、集中して創造していく舞台のすばらしさを初めて実感した。多くの人々のエネルギーが舞台にわっと集中して、現実の空間となって現れ、あっという間に幻となって消え去っていく。そんな不思議な感覚だったと思う。

3月21日、東彼杵町の公演日。千秋楽となったその日ですべての舞台が終わった。最後のカーテンコールでは感動のあまり涙を流す出演者も多かった。脚本を書いた砺山敏秀さんもこらえきれずに泣いていた。彼のようすを横目で見ながら、私もいつか市民ミュージカルの脚本を書いて、作者として感動の涙を流してみたいものだと思った。近い将来きっとそんな日が来るような気もしたし、反面、脚本作りや舞台作りの苦労を知ってしまった身では、いやいや当分無理だろうと分析する冷静な自分もいた。

私自身も、舞台をゼロから創造していく困難さと本番までの険しい道のりを、感動とともに経験させてもらった。エキストラデビューについては、何が何だか分からないうちに終わった。それが正直な感想だ。周囲には「楽しんで!」とアドバイスをもらったが、そんな余裕などなかった。ただ、歌の歌詞や振付を間違えないように、つたない演技で舞台を壊さないように、そればかりを考えていた。

リハーサル中、振付の大原晶子さんに「小川内さん、楽しそう!」といわれた。しかしながら、そのときは楽しむというより、半年前まで小脳梗塞の後遺症で苦しんでいた自分がうそのようで、元気に舞台に立っている自分自身が信じられなくて、嬉しい気持ちが思わず顔に出てしまっていたのだろうと思う。

役者として実際の舞台に立つということは、本当に大変なことだと身をもって体験した。ただ、緊張感と興奮状態が続いたからか、小脳梗塞の後遺症のことや自分の体調の悪さのことはすっかり忘れていた。本番中にめまいが起きるのではという恐怖心も起こらなかった。思い切って市民ミュージカルに関わったことが、個人的にはいいリハビリになったのだとそう思えた。これも市民ミュージカルに関わって得た貴重な副産物だった。

第3章　えっ？　まさかの役者デビュー

新しい情報誌の仕事

『具足玉伝説』公演を終えた平成18（2006）年4月。

『旅する長崎学』キリシタン文化編の編集の仕事も進んでいた。創刊号では、平戸とフランシスコ・ザビエルの関係や日本人初のキリシタン大名である大村純忠の足跡、小ローマと呼ばれたキリシタンのまち長崎について特集することになっていた。大浦天主堂を舞台にした「信徒発見」の特集を組む第4号を担当することも決まった。

「信徒発見」とは、幕末、長崎居留地に滞在したパリ外国宣教会のベルナール・プチジャン神父を浦上村の潜伏キリシタンが訪ね、キリシタンの信仰を守り続けていることを告白する史実だ。日本国内よりも海外で「宗教史上の奇跡」として讃えられた有名な出来事だった。

その頃、新しい仕事の依頼があった。長崎県観光連盟発行の季刊情報誌『ビギン』の取材・執筆の仕事だ。6月1日発行予定の創刊号の特集は、ザビエル生誕500年平戸キリシタン紀行「ザビエルの足跡と南蛮文化の薫りを探す旅」。偶然にも『旅する長崎学』の創刊号の内容と重なる特集だった。

『ビギン』の取材ではそのあと県内各地を回り、大村純忠が開港し、ルイス・フロイスが上陸した西海市横瀬浦、長崎市南山手の大浦天主堂、佐世保の黒崎天主堂、五島列島の教会群なども取材した。

この『ビギン』と『旅する長崎学』キリシタン文化編と近代ものがたり編の取材経験が、日本のキリシタン史や長崎の教会群を知るきっかけとなり、後々の市民ミュージカル『赤い花の記憶　天主堂物語』の脚本につながっていくのだが、その頃はまだそんな展開になろうとは夢にも思っていなかった。

次回作の戯曲講座参加

ゴールデンウィーク明け、『具足玉伝説』の上演DVDが届いた。

エキストラ出演だったため、全景を通して観客の視線で観るのは初めてのことだった。市民ミュージカルとはいえ、改めて出演者の演技力、ダンス力、エネルギーには圧

『旅する長崎学』創刊号

『ビギン』創刊号

倒された。一人ひとりが輝いていて、すばらしいと思った。画面を眺めていると、本当にそこに具足玉の国があって、登場人物がそこで生まれ、生活が続いているような錯覚さえ覚えた。演出の菊池准さんが口すっぱくして指導していた舞台上の「生活感」が、私にはリアルに感じられたのだった。

6月後半、シーハットおおむらの次回作に向けて、菊池さんの戯曲講座が開かれた。今度こそ新作ミュージカルの脚本を書いてみたいと思い、私も参加することにした。

その日、菊池さんから1カ月後をめどに30分程度の劇のシノプシスを考えるようにと課題が出された。テーマは来年8月公演予定の次回作の内容である天正遣欧使節の四少年だった。

天正遣欧使節とは、戦国時代に南蛮貿易と領土安堵を主な目的に入信したキリシタン大名3名（大村純忠、有馬晴信、大友宗麟）の名代として長崎からローマへ旅立ち、ローマ教皇に謁見《えっけん》し、さまざまな西洋文化を学び往復約8年半をかけて帰国した四人の少年使節のことをいう。伊東マンショ、千々石《ちぢわ》ミゲル、原マルチノ、中浦ジュリアンの4人だ。だが、彼らが帰国したときには豊臣秀吉により伴天連追放令が発せられており、運命は暗転し、4人の壮挙は時代の闇に葬り去られ、それぞれ苦難の後半生を送ることになった。

このテーマは『旅する長崎学』キリシタン文化シリーズの内容とも重なるものだ。やった！　天正遣欧使節のことなら私が一番詳しいかも。これは千載一遇のチャンスだ。心の中で私は小さくガッツポーズをした。

さっそく四少年が勉学に励んだ有馬のセミナリヨ時代のエピソードを調べて、物語を書くことにした。その頃はまだ脚本の書き方やルールがよく理解できていなかったが、登場人物とストーリー展開を考えているときが最も集中でき、楽しいと思える時間だった。同時に時代考証をするおもしろさも知った。

同じ頃、シーハットおおむらではミュージカル参加者から有志を募り、天正遣欧使節ミュージカル実現のための市民劇団「夢桜」を旗揚げした。過去の市民ミュージカル出演者が劇団の中心メンバーとなった。劇団結成は将来を見すえてのこと。本格的な人材育成に取り組み始めていたのである。

7月後半の戯曲講座。全員が課題のシノプシスを発表した。私の作品も個人的にはまあまあおもしろいものができたと思った。参加者はそれぞれの作品の感想を述べ合い、次回までに試しに10分程度の脚本を書いてみようということになった。私にとって初めての脚本挑戦だ。あいにくその日の体調は最悪だったが、気分は高揚し、ワクワクしていた。

7月末、楽しみにしていたラジオドラマ『ラブリー！　ミラクル・フットサル』のCDが手元に届いた。パッケージにはテレビでしか知らない有名人の顔がずらりと並んでいた。しかも、原作欄に私の名前が入ったシナリオまで付いていた。さっそく聴いてみると、シナリオはよくできていると思った。さすがにプロの作家だ。飽きさせない内容だった。出演者がドラマの中で「長崎」を連呼する場面も、何だか不思議な気持ちで聴いた。まさに長崎生まれの自分が創作したオリジナル作品だと実感した。

思えば、ふとんに寝転んで書いた物語がラジオドラマとなり、ハロー！プロジェクトのメンバーが演じ、全国発売のＣＤになった。不思議な感じだが、自分にとってはまさに文字通りミラクルな展開だ。この作品が市民ミュージカル参加につながっている。今の元気につながっている。ＣＤを聴きながらそういうことを振り返り、しばし感慨にふけっていた。

8月末の戯曲講座。来年1月と3月に行われる予定の（8月本公演の）プレ公演の脚本を参加者全員で分担して書くことになった。私の担当は天正遣欧使節四少年のローマ教皇謁見、舞踏会、航海への憧れなどのシーンだ。短いシーンではあるが、瑞々しい少年達を描けたらと思いながら、さっそく取り組むことにした。

そこで、中浦ジュリアンのローマ教皇謁見のエピソードを中心に物語を考えてみた。そこに有馬のセミナリヨ仲間との架空のエピソードを加えた。結局全体を採用されることはなかったが、そのとき考えたストーリーはこうだ。

セミナリヨ内で神父のロザリオ紛失事件が起き、ジュリアンが真っ先に疑われた。だが、それはどうしても使節に選ばれたかったある少年の仕業だった。使節の有力候補であったジュリアンへの嫉妬心もあっての過ちだった。ある日、その少年が犯人だと判明する。涙ながらに盗んだ理由を告白する少年。その少年の心情と謝罪を受け止めたジュリアンは、正式に遣欧使節の一員に決まると、その少年をはじめ、セミナリヨ仲間全員の思いを胸に教皇様と謁見することを固く約束した。使節は長崎を出航しローマに到着。教皇様に謁見する日取りも決まるが、ジュリアンは直前に高熱を出してしまう。使節の仲間3人がジュリアンの謁見は無理だというが、ジュリアンはどうしてもセミナリヨ仲間全員との約束を果たしたかった……。

プレ公演の脚本作りと並行して、講座では参加者全員が8月本公演のシノプシスや脚本に挑戦していいということになった。もちろん私も挑戦するつもりだった。

9月末の戯曲講座。来年1月と3月のプレ公演について、参加者が提出したそれぞれの脚本を少しずつ採用して、全体を川尻敏生さんがつなげていくことに決まった。私の脚本もほんの一部だけだが採用された。

菊池さんの戯曲講座の講義には説得力があった。脚本は単なるセリフの羅列ではなく、対立や葛藤《かっとう》や説得を表現し、起承転結を意識して展開しなければならない。説明的なセリフでは意味がない。生きた会話で物語を先へ進展させていく。そういうことを学んだ。昨年までは無縁の演劇や脚本の世界だったが、勉強してみると奥が深くおもしろかった。俄然《がぜん》、来年8月本公演用の脚本作りにも意欲が出てきた。

少しでも脚本作りの参考にしようと、有名どころのミュージカル映画や舞台のDVDをまとめて観たのもこの時期だった。いろいろ観賞してみて、あらためて物語性とエンターテインメント性が重要な世界だと感じた。同時に、まだまだ私の手の届く世界ではないことも痛感した。

10月14日、シーハットおおむらで作曲家の上田亨さんの音楽講座が開かれた。当日は『具足玉伝説』の仲間が久しぶりに大勢集まった。上田さんは菊池さんの仕事仲間で、ミュージカルから新劇まで幅広いジャンルの舞台音楽を手がけていて、次回作品から音楽を担当することが決まっていた。

講座では、同じ台本のセリフを音楽なしと音楽入りで読む体験をした。セリフ部分に音楽が入ると、音楽がないときに比べてセリフの調子が自然に変化していくことを学んだ。より抑揚が出て来た。きっと流れる音楽に脳が刺激を受けて、感情豊かな表現になるからなのだろうと、私は勝手に解釈した。

脚本、二度目の落選

その頃から翌年8月本公演のシノプシス案に本格的に取り組んだ。四少年が体験した壮大な物語の構想を練って、書こうと決めた。天正版『スタンド・バイ・ミー』的な内容にしようと考えていた。四少年の成長物語だ。セリフも思いつくままメモ的に加えた。せっかくなのでプレ公演用に考えたエピソードも入れてみた。脚本作りは舞台の設計図を描いているような作業だ。

10月後半、シノプシスを脚本化していく。作業を進めていくうちに、登場人物達が頭の中で勝手に動き出していくことがあった。登場人物が動き出すと、セリフも浮かび、ストーリーも展開していった。転がっていった。やはり創作はおもしろい。たったひとりの人間がパソコンに向かい、狭い空間から壮大な物語を紡いでいくこともあるのだから。

10月末の戯曲講座。参加者は本公演用のシノプシスや脚本案をもち寄った。提出された作品はそれぞれに個性があっておもしろかった。全員で回し読みをして作品の感想を

稽古風景

述べ合い、意見を出し合って、次回再提出することになった。

私の作品は10日ばかりかけてシノプシスを練り直し、脚本とはまではいかなかったが、そこにセリフを入れて再提出することにした。もちろん講座の合評会の意見も参考にした。

迎えた11月上旬の戯曲講座。来年8月本公演に採用されるシノプシスが発表された。選ばれたのは宮崎ヨーコさんの作品だった。自分の作品が落選したのは悔しいし、正直残念だったが、時間をかけて練ったストーリー自体には満足していた。充実感があった。これで落選したのなら仕方がない。それまで作品に費やした時間は決して無駄な時間ではなかった。また次のチャンスを狙うことにしよう。悔しさはバネにすることだ。これまで集めた四少年の資料を、時代考証など脚本作りの参考になるように、私は宮崎さんのもとへ送ることにした。

12月に入って、久しぶりに劇団夢桜の稽古見学に行った。月刊『広報』の連載のお礼もあって、自主的に稽古中の写真撮影をして稽古記録として残しておこうと思っていたからだ。ところが、私の姿を見て劇団員達はびっくりしていたそうだ。あとになって知ったことだが、その頃「小川内さんは次回作の脚本に落選して、かなり落ち込んでいる。もう劇団の稽古にはやって来ないだろう」という噂が、まことしやかに劇団関係者の間で流れていたらしい。もちろん本気で準備し、次回作の担当を狙っていたので、正直落胆はしていたが、ここまで来たらさっさと縁を切ることなど考えていなかった。そんなに簡単にあきらめるくらいなら、長崎から大村まで体調の悪い時期に通う訳がなかった。

自分の目標はもっと高い位置に置いている。自分の書いた作品が上演されるまでは何度でも挑戦する。何年かかっても構わない。最初はああ勘違いの作家生活を夢見ての参加だったが、厳しい現実を思い知って、私自身の気持ちはそんなふうに変化していた。

それにしても、自分の知らないところで興味本位にいろんな噂を流す人がいるものだ。それを素直に信じる人達が大勢いることも怖い気がした。

12月の中頃。大村の40代以上の市民ミュージカル関係者の食事会があったので、親睦を図るために私も参加した。確か5名の参加だったと思う。

来年1月と3月のプレ公演のこと、8月本公演のこと、これからのこと、同世代同士でいろいろな話で盛り上がり、楽しい時間となった。私に関する前出の噂話も格好の話のネタになった。私が強く否定すると、「必死になって否定するところが怪しい!」とまたツッコミを入れられた。そこでどっと笑いが起きた。私自身は苦笑する以外なかった。

この日集まったのは長い時間の稽古を共有した仲間だ。気心が知れていたので、緊張することもなく、めまいや動悸が起こることもなかった。アルコールも少しだけだが飲めるようになった。これも市民ミュージカルに参加した効能なのだろう。山本幸子さんや坂本和彦さんら、この日の仲間とは現在も交流が続いている。

クリスマスイブの3日前、次回作に向けて子どもの出演希望者たちの父母説明会が開かれ、私も広報担当のスタッフとして参加した。

この頃はパソコン画面を見てもめまいが起こることはほとんどなくなっていた。菊池さんに「戯曲をたくさん書きなさい」とアドバイスを受けていたので、何かアイデアが浮かんだらパソコンに向かった。いくつも短い物語を書いた。体調は昨年よりは良好だった。思いきって市民ミュージカルに参加したおかげなのか、私は健康的で平穏な年の暮れを迎えていた。

突然の舞台監督依頼

平成19（2007）年の年明け。40代最後の年だ。ときどき後遺症のめまいが続いていたが、ライターの仕事には順調に復帰していた。

年頭の目標として、第一に健康管理、第二に「後世に残る物語を書きたい」を掲げた。せっかく市民ミュージカルの戯曲講座に通っていたので、一生に一度はさくらホールの舞台で上演される脚本を書いてみたいと思った。たまたまレンタルショップで借りた映画版『ラ・マンチャの男』のDVDを観て感動しながら、そんなことをあれこれ考えていた。

1月中旬、シーハットおおむらの主催で、舞台の音響講座と照明講座が開かれることになった。地元の演劇人やスタッフを育てる目的で行われたもので、戯曲講座同様に私のような演劇初心者には嬉しい初級講座だった。

舞台セットの責任者は演出家。客席やロビーの事故の責任者は主催者。舞台でスモークや火を使う場合は消防署に届け出る。などなど、舞台人の常識といわれることでも、私の知らないことがたくさんあった。さまざまな役割のスタッフの協力があって、ひとつの舞台は成り立っている。講座でそんなことを学んだ。それまでは客席側からだけの視点だったものが、ここ数カ月で大きく回転し、景色の見え方が180度変わっていった。

1月27日、プレ公演『ローマへの旅立ち』第一弾の舞台がさくらホールで上演された。ところが直前にトラブル発生。ちょうどインフルエンザが流行している時期で、四少年役のひとりが出演できなくなったのだ。緊急事態の勃発だ。急きょ代役を立てての舞台となったが、私の個人的な心配をよそに、その代役が見事に演じきって公演は無事に終了した。代役の演技は堂々としたものだった。

これは昨年6月に劇団を創設したメリットだろう。若い団員は自分の役だけではなく他の役のセリフや振付をすぐに覚えて、舞台袖などでよく一緒に歌ったり踊ったりしていた。つまり、日頃の稽古のたまものだと感じた。

プレ公演の演出や舞台作りは劇団夢桜の旗揚げ自主公演として、すべて地元の指導者やスタッフの仕切りで行われた。東京の指導陣は関わっていなかった。私も本番上演中の舞台セットの中にもぐり込み、上から下りて来る南蛮船の帆の網をフックにかける係という役割を仰せつかり無事に果たした。

1月プレ公演について、トラブルや緊急事態も切り抜けて、私はそれなりにいい公演だと思った。だが、東京から舞台を観に来られた指導陣の感想は違っていた。「舞台から発するエネルギーが足りない」、「一生懸命やってはいたんだろうけど、こちらに伝わって来ない」など、辛口コメント（ダメ出し）や感想が相次いだのだ。第二弾のプレ公演が2カ月後に行われることになっていたので、それまでにやるべき宿題がたくさん出て、3月のプレ公演は仕切り直しという位置づけになった。やはり東京の指導陣の姿勢は厳しかった。

その3月の舞台。地元スタッフからの突然の依頼で、私が舞台監督を仰せつかることになった。当時演劇初心者の私には、舞台監督の役割がよく理解できていなかった。が、あまり深く考えもせずに、そのときは勢いと好奇心だけで引き受けることにした。

しばらくして冷静に考えてみると、演出家と舞台監督の違いって何？　映画監督のような仕事じゃないの？　舞台監督の仕事についていくつもの「？」が頭に浮かんだ。私は図書館で本を借りたり、ネット検索したりして、おぼろげながら舞台監督の仕事内容について調べてみることにした。

それで理解できたことは、演出は役者の指導をする。演出者は脚本を誰よりも読み込み深く理解することが大事だということ。舞台監督とは「本番当日の舞台上の進行の一切を仕切る責任者」のこと。だがその役割は思ったより広かった。演出の補佐的な役割、スタッフの進行状況の把握、各種手続き関係の処理など、多岐に渡っていた。何よりも大切なことは「スタッフの現場を知っていること」と説明されていた。

これから脚本を書く上で、さまざまなスタッフの仕事を実際に体験することは、きっと役に立つことだ。そのことは十分に理解できたけれど、いきなりの舞台監督について、役割の重要性から考えると自分自身にはかなり荷が重い気がした。これは責任重大だ。

1月のプレ公演の舞台監督は『具足玉伝説』に出演した男性が担当していた。照明や音響や舞台セットの仕込み（準備や設置作業）から指揮をとっていた。そうなると作業

舞台セットの仕込み作業。出演者が行う

の段取りをすべて把握していなければならない。それは少々まずい。いや、大いにまずい。私はプレ公演全体の流れを把握していない。舞台スタッフの仕事の流れも理解していない。どうしよう。自分が分かっていないことを全体に指示することは無理だ。

そこでさくらホールを管理している舞台スタッフさんに教えを請うことにした。「藁をもすがる思い」とはこういうことなのだ。知らないということは経験がないだけで、恥ではない。これから教えてもらえばいいのだ。私はそういうスタンスで覚えればいいのだ。

舞台監督に臨むことにした。

3月に入ると、スタッフ用の台本を使って照明、音響、バトンの上げ下ろしのタイミングを確認し、本番に備えて舞台監督の仕事をシミュレーションした。まだ舞台監督としては不安だらけだが、心の準備だけはしなければ。定刻で開演するのか5分遅らせるのかの判断、ロビーや客席の状況確認、緊急事態への判断、地震や火災が起きた場合の判断など、舞台監督は本番の進行と判断を連続して行う重要な仕事だと実感した。

稽古一週間前から仕込みと稽古現場に立ち会い、私は出演者とスタッフの間を行ったり来たりしていた。しかし、ひとつの舞台を創り上げることについて、知っていることよりもまだ知らないことの方が多過ぎて、日に日に胃が痛くなったことを記憶している。

この頃、「小川内さんは、分単位でスケジュールを組んでいる。あわただしい！」とある女性出演者から皮肉まじりに苦笑いされたこともあった。音響や照明のためのテクニカルリハーサルを、シーンごとに時間を区切ってホワイトボードに細かく記入し、役者に伝えていたことへの揶揄《やゆ》だったのだろう。だが、こちらとしては舞台監督の職責を全うするために必死だったのだ。

本番前の一週間は、地元のスタッフ同士でいろいろな出来事があった。演出と振付担当の確執。照明、音響スタッフの苦労。私は間に挟まって何もできず、ひとつの舞台を創り上げていく過程の困難さを痛感した。出演者のインフルエンザ発症や体調不良、ゲネプロでの音響失敗など、本番直前までトラブルは続出した。生の舞台はある意味非情だ。

それでも本番の舞台は確実にやって来た。迎えた3月18日。『ローマへの旅立ち』第二弾の公演日だ。

覚悟を決めて、舞台の袖の指定席でスタッフと連絡を取り合いながら、私は初めての舞台監督を務めることになった。舞台監督初心者とはいえ、来場してくださったお客様の前では失敗は許されない。音響、照明、舞台転換のタイミングの指示を出し続け、1時間あまりの上演時間だったが、緞帳が上がってから下りるまで緊張しっぱなしで立っていた。無事幕が下り切ったときには、全身から力が抜けていく感覚を味わった。振り返って文字にすれば「心地よい緊張感を味わいました」とクールに表現することもできるが、正直、当時はまったくそんな余裕などなかった。

それでも本番に向かって出演者・スタッフの心はひとつになっていく。舞台袖から垣間みた出演者の輝く笑顔。みるみる表情が豊かになっていく子ども達。妙に高揚し、饒《じょう》舌《ぜつ》になっていく大人達。少しずつまとまって連帯感が生まれていく集団。市民舞台本番独特の雰囲気を舞台監督の視点から感じることができた。

ある小学生出演者のお母さんから、終演後に「今日の舞台は本当に感動しました。私に何か手伝えることがあれば、これからお手伝いしたいと思います！」と直接声をかけられたことは、とても嬉しい出来事だった。本番を観てくださった東京の指導陣からも「1月の公演に比べてよかった」とお褒めの感想をもらった。3月プレ公演の成功はスタッフや出演者の努力の結果であり、舞台監督の成果ではないのだが、嬉しいことには違いなかった。こうして、どうにかこうにか、私は舞台監督の役割を無事終えることができたのである。

想定外の役者デビュー

3月のプレ公演が終わり、いよいよ天正遣欧使節をテーマにした8月の本公演に向けて全体が動き出した。タイトルは天正遣欧使節ミュージカル『光る海』に決まった。『具足玉伝説』制作委員会のひとりで演出助手を務めた宮崎ヨーコさんが脚本を担当していた。その頃、キャスティング・オーディションが近づいているせいか、劇団員はみな気合いが入っていた。やっぱり出るからにはいい役がほしいのだろう。

私はといえば、稽古写真を撮影する記録係と時代考証や広報担当などのスタッフとしてお手伝いしながら、脚本作りをもう一度学ぼうと思い、参加することにしていた。仕事の合間にときどき稽古に参加するのは刺激になるし、健康維持にもいいことだと思っていた。

ところが、ここでも想定外のことが起きた。私にも役者として舞台に立ってほしいと作者の宮崎さんから直接依頼があったのだ。市民ミュージカル劇団夢桜のメンバーは女性中心で、男性団員が少なかった。スタッフの私も貴重な存在なのだという。そんな理由で、私にも白羽の矢が立ったのだろう。

この話を聞いたとき、『具足玉伝説』のエキストラ出演でも大変だったという生々しい記憶があるのに、正直セリフのある役なんてできないと思った。歌ったり踊ったりも苦手。リズム感や音感なし、演技者としての才能もない。第一体調は不安定で体力もない。それに、毎週木曜と土日の稽古に仕事をしながら長崎から大村まで通うのはちょっと無理がある。そう思った。

だが一方では、照明や音響の仕事を学び、舞台監督を経験させてもらってから、一度は端役でいいから役者を演じてみたいとの思いもどこかにあった。その頃、演劇や舞台に関するあらゆることを集中して学ぶことが、脚本の書き方を覚える一番の近道ではないかと感じるようになっていたからだ。

同じ近道にしても、楽な道よりここはあえて苦の道を選ぼう。あれこれいろいろ考えてみて、私は意を決した。3月末から4月上旬に行われた『光る海』キャスティング・オーディションやワークショップに参加することに決めたのだ。

ある日のキャスティング・オーディションでは、いくつかのグループに分かれてシェークスピア劇をアレンジして演じることになった。翌日の夕方に発表会が行われる予定になっていた。グループ名や演出役や音楽担当を決め、ミニ劇団のような感覚で、グループ内で相談しながら自由に劇の流れを作った。

そのとき私に与えられた役は、人間ではなく風の妖精と馬と木だった。演劇の中では子どもも大人もただの役者だ。経験と才能のある役者がいい役を獲得する。誰もが仲よく横一列で主役をやるのは学芸会の世界だ。本物の舞台には主役もいれば脇役もいる。厳しい競争の世界だ。市民ミュージカルも例外ではない。

そういう意味では私の役は妥当だと思えた。しかし、たかが風や木や馬といっても、自分の身体を使い、どうやって表現するのか、そこに難しさとおもしろ味を感じた。舞台上で与えられた役に見えないと意味がないので、自分の動きを客観的に眺めることが必要であり、あれこれ試しながら役作りを行った。風ならばそこに空気が流れるような動きだ、木ならば枝の広がりを見せよう、馬の動きは首を縦に振ってパカパカ生き生きと、そんなことをあれこれ考え、演じることにした。その甲斐があったのか、両手を広げて曲がった枝を表現しようと工夫した木の演技を、振付の大原晶子さんに褒められた。褒められるとつい嬉しくなって調子に乗るのが人間。この演技が私の役者デビューの記念すべき第一歩となったのである。

次回作の宮崎ヨーコさん脚本の『光る海』のあらすじはこうだ。

１６３３年秋、疲れ果てたひとりの老人が捕らえられ、長崎の牢獄へ送られた。彼の名は中浦ジュリアン。江戸幕府が発したキリシタン禁教令に背き、日本各地に潜伏しながら布教活動をつづけていたイエズス会の神父であった。ジュリアンは牢獄に入れられた子どもたちに向かい、自らの少年時代に三人の少年とともに光る海へ旅立った話をはじめた。彼ら四人の少年こそ、キリシタン大名の使節として長崎港から南蛮船で海を渡り、ローマ教皇に謁見し8年半の歳月をかけて帰国した天正遣欧使節であった。船上生活。ゴアでのヴァリニャーノとの別れ。海の嵐との遭遇。リスボンへ歓喜の到着。トスカーナでの華やかな舞踏会。ローマ市民の歓迎。ある吟遊詩人との出会い。病に倒れるジュリアン。ジュリアンの語る壮大な航海の物語や、感動の教皇謁見秘話を聞いているうちに、様々な境遇の牢獄の囚人たちの表情に少しずつ変化が現れるのだった。そしてローマで愛と光を見たジュリアン自身の心にも……。（世界史に「日本を登場させた」少年たち『光る海　天正遣欧使節ミュージカル』プログラムより）

この牢獄の中というシーンは、どこか『ラ・マンチャの男』のイメージと重なる部分があった。私に与えられたのは牢獄の中の囚人で宗久《そうきゅう》という僧侶役。セリフが20くらいあって、脇を固める役どころで、けっこう重要な登場人物だった。そんな重要な役をもらって大丈夫だろうかと不安もあったが、思いきって流れに任せて挑戦してみることにした。

おじさん新人役者の苦労

歳だけは食っているが役者青葉マークの私には、やるべきことがたくさんあった。まずセリフを覚えること。それから発声、滑舌をよくする。さらには演技を磨く。ミュージカルなので、苦手な振付や歌唱訓練も入ってくる。若い出演者やベテランならあっという間に覚えてできることが、悲しいかな自分にはできない。周囲から「気楽に楽しんで！」とアドバイスを受けるが、エキストラ出演のときと同じでそんな余裕などどこにもない。だが、スタッフや出演者に甘えたり迷惑をかけたりするのは一番嫌なことだ。出演すると決めた以上、稽古も休みたくない。もちろん仕事もあるので、拘束期間が数カ月というのはいい歳のおじさんにとって少々辛い体験だった。

４月後半、本読みと荒立ちの稽古があった。張り切って声を出した私に対して、演出の菊池准さんから「そんなに声を張り上げないでいい」と最初のダメ出しがあった。宗久は過去に秀吉や信長との何らかの交流があり、四少年のことも知っているという役どころ。昔の思い出を語るセリフでは、「そのシーンを頭に思い浮かべながらいうように」とのアドバイスも受けた。振付の大原晶子さんからは、「セリフのないときの動き」についても細かく指示された。たぶんセリフのないときの宗久は完全に「休め」の状態になっていて、そこで生きている人間ではなかったのだろう。

実際に演じてみると役作りは本当に難しい。宗久とはいったい何者なのか、台本にない部分のサブストーリーを考えて稽古に臨むようにしないといけない。以降、私の「宗久さがしの役者旅」は続いた。

5月に入っても、まだ菊池さんから「演技が硬い、セリフが硬い」といわれ続けた。四少年の生き様を思い描きながら、怒ったり、泣いたり、笑ったり、喜怒哀楽のある演技を要求されていたが、できていなかった。自分では試行錯誤を繰り返し、少しずつよくなっているつもりでいたので、菊池さんのダメ出しに少なからずショックを受けた。思い上がっていたのだ。

その日はちょうどシーハットおおむらのさくらホールで女優の市原悦子さんを招いた「お話の会」が開かれていた。何か演技の参考になればと、私も稽古の合間に聴きに行くことにした。その講演の中で、「演技は瞬発力」という市原さんの言葉がとくに印象に残った。そうか、私の演技は硬くて瞬発力が足りないのだ。いわゆる肩に力が入った状態で、伸びしろがないのだと感じた。

その頃、通し稽古を撮影したビデオを見たが、何と自分の演技の下手なことか。セリフの間は悪く、棒読みで感情もこもっていない。まず動きがぎこちなかった。舞台上でただ普通に生きることの難しさを痛感した。他の役者の演技は自然に見えるし、上手い。私はまたまた何度目かの大きなショックを受けた。

初めて市民役者を経験してみて、それなりの苦労があることも知った。

まず指導者によって指摘されることが「違う」と感じること。例えば同じシーンで「怒りを表現して」といわれたり、「もっと悲しみの心を表現して」といわれたり。きっと大きな意味では同じことをいわれているのだろうが、以前に指摘されたことを注意して演じていると、他から「そうじゃないだろう」という指摘が入り、役者経験のない私の頭の中にはいくつもの「?」が現れて混乱した。

そこで考えたのがあの指導者の前ではＡパターンでやろう、この指導者の前ではＢパターンでいこうというダブルスタンダード作戦だった。この作戦が演劇的にはどうなのか分からないが、同一人物の二面性を演じているようで、私にはなかなかおもしろい体験となった。演じていくうちに演技上の新たな発見もあった。

次に他の役者とのコミュニケーションというか、関係性だ。誰かがセリフを忘れてひとつ飛ばすといつもと違う流れを感じ、自分のセリフまで出て来なくなることがあった。動揺して浮き足立って頭がパニックになっていたのだ。要するに何ごとにも動じない役作りができていなかったのだろう。周囲も見えていなかった。これは早く修正しないといけない、そう思った。

それから前週の稽古で思いっきり上がったテンションが、次週の稽古のスタート時点では元に戻ってしまうこと。プロならそのテンションを維持し、さらなる高みを目指すのだろうが、アマチュアはそうはならない。振付の大原さんにはよく「先週より下手になっている！」と厳しく指摘された。『具足玉伝説』の稽古でもそうだったが、全体のテンションが上がったり下がったりを繰り返しながら、市民役者集団は迷走し、直前の一週間で集中力を増して、急激によくなって本番を迎える。そういう繰り返しなのかもしれなかった。

ただ市民ミュージカル公演を毎年続けている劇団夢桜の主要メンバーのレベルは、確実に底上げされているように感じた。私よりはるかにレベルは上。やはり「継続は力なり」だと実感していた。

セリフ千回とほろ苦役者デビュー

私のセリフ覚えについて。その頃は小脳梗塞の後遺症なのか記憶力が極端に落ちていた。少し長いセリフを一度覚えても、翌日にはすっかり忘れている状況が続いていた。直前まで覚えていたものが、いざ稽古が始まると頭が真っ白になって、セリフがなかなか出て来なかった。それに稽古中にセリフはちょこちょこ変わった。

これはまずいぞと思っていたある日、たまたまテレビで大女優杉村春子のドキュメンタリー番組を見る機会があった。番組中に「膨大なセリフはどうやって覚えるのですか?」との質問があって、彼女が「あなたね、そんなことは千回もいえば覚えるもんですよ」というような返答をしていた。

大女優のこの言葉は目から鱗《うろこ》だった。私はその日から20数個のセリフを呪文のように千回繰り返し唱えることにした。実家へ歩いて帰る道すがら、大村の稽古で往復する電車の中、仕事で宿泊するホテルの部屋、深夜のふとんの中、どこでも繰り返した。

役者の大前提は台本のセリフを完全に覚えて稽古に臨むことだ。さすがに大女優のいうことは正しかった。セリフ千回を実践していると、そのうちに稽古でもすらすらセリフが出て来るようになった。セリフがスムーズに出ると、相手役の動きや視線が客観的

『光る海』公演。右下僧侶姿が筆者（シーハットおおむら提供）

に見えてくるので、そこに感情が添えられた。ひとつのことをクリアすると視界がずっと開けて、演技の世界が急に広がったような気がした。役者という仕事の中に、日々そういうおもしろさを発見した。

そんな6月後半のある稽古日。私は生まれて初めての経験をした。いつものようにセリフをいおうとすると、頭の中にはっきりと台本が現れて、セリフの文字が鮮明に見えたのだ。これをどう表現していいのか分からないが、私はその文字にただ感情を込めて発すればよかった。頭の中で台本をめくっているような、そんな不思議な感覚というか体験だった。ウソのようなホントの話だ。

ちょうど同じ頃、歌唱指導の村嶋寿深子さんから「宗久さんの演技はよくなりましたね」と初めて褒められた。セリフ千回の成果が出たのだろうか。

本番5日前。役作りのために私は生まれて初めて坊主頭に刈り上げることにした。菊池さんに宗久の髪型について相談したら、「お坊さんらしく短いほうがいいでしょう」とアドバイスされたので、思いきって高校球児のように坊主頭にした。どうせ役者デビューするなら、とことん追求し、おもしろがってやってみよう。そう思ったのだ。

その日の通し稽古では「赤きマントの信長も、安土城も焼け落ちて……」というセリフのいい方がよくなったと、菊池さんに初めて褒められた。早くも丸刈り効果が出たのか。私が気をよくして喜んでいると、「ただし、よかったのはそのセリフだけ。他はまだまだ」と、菊池さんは釘を刺すことも忘れなかった。でもまあこれで役者デビューの覚悟ができたのは間違いないことだった。演技開眼だ、もう恐いものはない。私はひとりほくそ笑んだ。

ところが、おごる宗久は久しからず……。当然のことながら、演劇はそんな簡単なものではないし甘いものでもなかった。

迎えた8月公演本番。4回公演のうち3回までは初心者にしてはまあまあうまくいったと思う。観客を前にしても、スポットライトを浴びても、緊張することなくセリフが自然に出たし、演技もできた。菊池さんには「日に日によくなっている。自然なしゃべり口調でセリフが出るようになった」とまた褒められた。

しかし、千秋楽の日、その事件は起きた。私はリラックスし過ぎて、楽屋で差し入れのお菓子をバクバク食べて過ごしていた。あと1回で終わりだというホッとした気持ちが緊張感をなくし、油断につながったのだと思う。

最後の公演の幕が開き、オープニングの牢獄のシーンが始まった。最初の宗久のセリフは「今や四少年もただひとり。中浦ジュリアンただひとり……」だった。ところが、「今や四少年もただひとり」と発してから、突然次のセリフが分からなくなった。急に頭が真っ白になって、「中浦ジュリアンただひとり……」が出て来なかったのだ。

私はそのとき数秒間何もできずに固まっていたと思う。舞台は一瞬の沈黙。急激に血の気が引いていく感覚。周囲の役者達からの次のセリフを促す視線が痛い。それでもやはりセリフは出て来なかった。完全に頭から飛んでいた。私は焦りに焦った。

そのときはたまたまその次のセリフをいう女性役者がベテランで、そのまま芝居を続けてくれたので、結局最悪の事態だけは免れた。私が固まっていた時間は、実際には30

秒もなかったと思う。だが、もう全身から冷や汗が吹き出るほどの恥ずかしい失敗体験だった。

あとのシーンのセリフは出るには出たが、心の動揺を隠すことはできず、感情の入らない棒読みになってしまい、私はボロボロの状態で最終公演を終えることになった。幕が下りた瞬間、私の役者生命もこれで終わったなとがっくり肩を落とした。いくら市民舞台とはいえ、絶対に慢心してはいけない。そんな貴重な教訓を得たほろ苦い役者デビューだった。

それでも長い期間の稽古全体を通して、自分自身のメリットになったこともいくつかあった。

ひとつは稽古前にやるウォーミングアップの柔軟体操効果だ。凝り固まっていた私の身体が少しずつほぐれ、毎回体操が終わった頃にはまるで心が解放されたかのような爽快な感覚を味わうことができた。小脳梗塞の後遺症で怪しくなっていたバランス感覚や運動神経も、少しずつ回復しているように感じられた。意識して背筋を伸ばすようになり、猫背気味だった姿勢もよくなったと思う。

それから遣欧使節の四少年が途中で立ち寄るインドのゴアの市場シーンで、金持ちのわがままお嬢様の召使いである「爺や」役を演じたこと。つまり私は宗久と爺やの二役をやることになったのだ。本役の宗久とは違い、爺やはセリフのないエキストラ的な役だったので、せっかくの役者経験をもっと楽しもうと思い、二役を引き受けることにしたのだった。

その爺やの役作りのために当時のゴアの絵図を調べていたら、日よけ用の中棒の長い日傘を主人に差しかけている召使いの絵を見つけた。私はこれだと思い、自分で赤い傘を作ることにした。わがままお嬢様を追いかけて日傘を差しかけながら走り回る演技プランを考えたのだ。実際の舞台ではこの赤い日傘がまるで生き物のように役者達の頭上で踊っているように見えたようで、けっこう目立ちインパクトがあった。スタッフにも出演者にも思いがけず好評だった。

宗久とは違い爺やは動きも自由で伸び伸び演じることができた。ただ大変だったのは、顔と肌をインド人らしく日焼けした茶色のメイクにしたので、後半の景で宗久の本役に戻るときにメイクを短時間で洗い落とさなければならなかったことだ。でもまあ爺や役を振り返ってみれば、あれこれ小道具を工夫する楽しさを知り、鮮明な赤い日傘の記憶とともに思い出に残る経験となった。

最後に宗久の「笑い」の演技についてだ。あるシーンで、宗久が舞台中央に進み、スポットライトを浴びながら大笑いする演技が求められた。宗久にとってはハイライトといっていいシーンだった。ところがとにかく私は笑う演技が下手で、よく周囲から失笑まじりに「大根役者！」と呼ばれた。演技初心者にとって自然に喜怒哀楽を表現することほど難しいものはなかった。それでもセリフ千回と同じ要領で暇があれば何度も笑い声を上げる稽古を繰り返した。

その特訓の甲斐があったのか、本番の笑うシーンは思いっきり演技することができた。自己評価でも恥ずかしくない程度にはできたかなと思っていた。

何回目の舞台だったか、終演後にロビーの出口近くに並んで、来場者のお見送りをしていたときのことだ。面識のない年輩の女性がつかつかと私の前に歩み寄って来て、「あなたの笑い方がとてもよかったわよ！」とにっこり微笑んでくれたのだ。この女性の一言は私にとって最高の褒め言葉であり、嬉しい励ましでもあったのである。

こうして私の役者初体験は、成功と失敗といくつかの貴重な教訓を残して静かに幕を閉じた。あのとき体験したさまざまな事柄が、後に手がけることになった脚本作りにぞんぶんに生かされていったことは、いうまでもない。

第4章　『ＯＭＵＲＡグラフィティー』で念願の脚本家デビュー

ついに脚本依頼が来た！

平成21（２００９）年3月1日。スタッフとして参加したシーハットミュージカル『光る海』再演が終わった日のこと。ガイドブック『旅する長崎学』の対馬取材の仕事で疲れていたので、その日の打ち上げは参加せずに長崎に帰ることにした。大村駅のベンチに座り電車を待ってウトウトしている間に、シーハットおおむらの藤崎澄雄さんから私の携帯に留守電メッセージが入っていた。だが、てっきり打ち上げの誘いだと思い、その夜は内容を聞かなかった。

メッセージを聞いたのは翌朝。すると、内容は思いがけず翌年春の次回作の脚本依頼だった。あわてて藤崎さんに電話をかけて、「私でよければ書きます！」と返事をした。思えば戯曲講座に通い始めて4年目、ようやく巡って来たチャンスだった。決して短い道のりではなかった。

藤﨑さんの話では、「次回作は大村の四季をテーマにして、菊池准さんの戯曲講座でエピソードを集めて原案を考え、それを脚本化したい。今回初の試みとしてOMURA室内合奏団の生演奏での舞台にしたい。全編を大村の四季を彩る音楽やダンスでつづっていきたい」とのことだった。

何？　初めてさくらホールの舞台で上演する脚本を書いて、しかもプロのオーケストラの生演奏で？　これは責任重大だ。嬉しい反面、1本の長い脚本を本当に書けるのか不安も大きい。長い間ずっと望んだことで、飛び上がりたいくらいに嬉しいはずなのに、少し躊躇《ちゅうちょ》し武者震いしている自分がいた。しかし返事はしてしまったし、すでに賽《さい》は投げられた。もはややるしかない。上演は1年後だ。

ワークショップのゲーム

戯曲講座と次回作のためのワークショップが始まったのが5月末。

ワークショップの中で、「その場にとどまっている者を何とかして動かす」というおもしろいゲームがあった。二人一組でやるゲームなのだが、私が演じたのはバスの中で立っている老人役。相手の女子高生役の女の子が席を譲らないという設定で、何とかして席を譲ってもらおうとして、ああでもないこうでもないと仕かけていく老人役というものだった。

もちろん即興の演技だ。わざと咳をしてみたり、「腰がいたい」とか「ああ疲れた」とかつぶやいてみたり、いろいろ策をめぐらすがケータイ画面を見て一切無視する女子高生。どうやっても席を譲ろうとしないので、最後の手段とばかりに「うっ、吐きそう」や「漏らしそう」とつぶやくと、女子高生は「きゃっ」といってあわてて席を立って逃げたのだった。

原作案から初稿へ

6月の後半。シーハットおおむらより戯曲制作及び当日プログラム制作の正式な委託業務契約書が届く。作家としては初めての契約書だった。契約期間は7月1日から翌2月28日まで。7月～9月に1稿と2稿制作。10月～2月に稽古立合い、戯曲手直し、という内容だった。契約書を見ているうちに、いよいよ始まるぞと身の引き締まる思いがした。

藤﨑プロデューサーが思い浮かべる次回作のイメージは、大村版『スタンド・バイ・

ミー』のような流れだった。そこで戯曲講座を通して、大村出身の参加者から昭和40〜50年代頃の思い出や四季折々の行事や祭りなどをリサーチした。大村の郷土史を調べ、地理案内をしてもらい、ストーリー案を考えてみることにした。

菊池さんの考える原作案の内容はこんな感じだった。

長崎空港にひとりの男が降り立つ。都会生活に疲れている。箕島大橋で女性とすれ違い、懐かしい気持ちになる。演歌が聞こえてくるような居酒屋で同級生との再会。四季を通じた昔の思い出話（エピソード）に花が咲く。謎の美少女のかすかな記憶。美少女は精霊船に乗って天へ昇る。探検。冒険。河童伝説。決闘。長崎原爆。ヴァイオリン奏者が後ろに立ち、演奏しながらのラブストーリー。

かなり断片的だが、書く前から何となくワクワクする原作案だと思った。これに藤崎案を合体させて、戯曲講座の参加者から集めた思い出エピソードを散りばめて、どうやってオリジナル作品として成立させていくのか。私自身にはそれが一番の課題であり、同時に作家としての腕の見せどころでもあった。

6月末から7月初めにかけて、戯曲講座メンバーで練った原作をもとに初稿を書き始めた。とりあえずあまりいろいろ悩まずに、最後まで一気に書いてみることにした。文字数でいえば2万字くらいだ。こうして基本のストーリーを作っておけば、あとは枝葉をつけてシーンを増やしたり減らしたりできるだろうと考えたからだ。劇団員全員の出演シーンも考えなければいけない。ただ歌の歌詞には頭を悩ませた。その頃、ミュージカルナンバーはセリフが歌になっているという基本的な意味をよく理解できず、単純に流行歌のような歌詞を書けばいいんだと、私は大きく誤解していたのである。

7月後半、できたところまで恐る恐る菊池さんに初稿を送ってみた。8月最初に開かれた戯曲講座で、菊池さんから初稿への最初のダメ出しが出た。講座参加者からも意見を聞いた。とくに脚本を書いた経験のある川尻敏生さん、砺山敏秀さん、宮崎ヨーコさんからあれこれ厳しい指摘を受けた。そのダメ出しや指摘を聞いている時間は、まるで他人に自分の真っ裸をさらしているような居心地の悪さというか、自己否定されているようないたたまれなさを感じた。その日、作家とはこんな葛藤の繰り返しなのかとひとつ悟った。

振付の大原晶子さんからは、「もっと小川内さんの書きたいものを書けば」とアドバイスを受ける。

8月後半、初稿を修正したものをミュージカル台本のフォーマットに整えてみた。10

月の後半には劇団員の仮キャストによる台本の読み合わせと荒立ちが行われた。私はさくらホールの客席で台本を確認しながら見守った。

自分の書いた本が劇団員に最後まで読まれるということ自体初体験だった。これまでパソコン上で個人として成立していたものが、さくらホールの舞台で30数人に演じられている。物語が立体的になっていく。

私には不思議な高揚感があった。

思った通りの展開もあれば、意外なシーンが読み手によってコミカルな場面になるなど、作者の描いたイメージとはまったく違った展開もあり、いくつか新しい発見をした。この日、「本は作家の手元を離れて役者の解釈が加わり勝手に成長していくもの」だと知った。

物語のあらすじはこうだ。

実家の売却を姉と相談するために、10年ぶりに長崎空港に降り立った大村出身の二宮明夫。都会生活に少し疲れていた彼は、箕島大橋でひとりの女性とすれ違い、懐かしい気持ちに包まれます。

その日の夕方、明夫の同級生雄次ら4人は、彼のために居酒屋で同窓会を開きます。5人は中学時代のきもだめし探検などの話で盛り上がるうちに、思い出深い場所を巡ることになり、当時の懐かしい記憶が少しずつよみがっていきます。

明夫は、中学時代にぼんやりと記憶している美少女（来生まりあ）のことを同級生たちに尋ねますが、誰も彼女のことを覚えていません。そこで明夫と同級生たちによる謎の美少女さがしが始まるのでした。

この物語は、謎の美少女の記憶をたどりながら、明夫が家族や友情の大切さ、本当の故郷のすばらしさを見つめ直していく物語です。（ミュージカル『ＯＭＵＲＡグラフィティー』プログラムより抜粋）

読み合わせの最後に、川尻さんから作家の感想を求められたので、「この台本の各シーンは菊池先生の考えや戯曲講座のみなさんのアドバイスで構成されている。無駄なセリフはない。東京から指導陣がいらっしゃるまでに、よく読み込んでほしい」と挨拶した。

正式タイトル決まる

その頃、シーハットおおむらでは早くもチラシやポスターの制作に入っていた。正式タイトルはミュージカル『OMURAグラフィティー』に決まった。「少年少女が輝いていた昭和。ふるさとの四季が奏でる想い出の数々。」が、キャッチコピー。すでに藤崎さんは、「チケットが売れるかどうか」の心配を始めていた。翌年2月27日・28日の本番に向かって、作家の戸惑いとは別の次元で、前へ前へとスケジュールは進んでいた。

ミュージカル『OMURAグラフィティー』プログラム

11月7日、菊池さん、大原さん、作曲の上田亨さんが顔を揃えてのキャスティング・オーディションが行われた。夜の打ち合せでは舞台のセッティングが決まり、台本の手直しが繰り返された。私は台本と向き合いながら、台本作りは冊子の編集作業に近いと感じていた。

上田さん曰く、「市民ミュージカルで菊池さんが原作から関わるのは初めて。ボクもワクワクする」。

劇団員を前に菊池さんは、「今回のミュージカルはプロ集団のオケと共演するんだから、演技もプロとして通用することを目指す。具体的な表現力が求められる。劇団にとっても大きな転換点。高いハードルを超えなければならないし、超えてもらいたい。そのためには努力が必要。身体、表現力、意識の改造に挑戦してほしい。この作品の音楽はすばらしいし、ファンタジック、ノスタルジックな内容。だが大きなドラマはない。淡々としたドラマの連続。だから一つひとつのシーンの完成度が求められる」と説明した。

オーディションが終了し、配役はほぼ決まった。だが、主役である東京で働くサラリーマンの二宮明夫役を誰が演じるのか、まだ決まっていなかった。

主役は誰に?

この主役選びにはちょっとしたドラマがあった。

キャスティング・オーディション後、指導陣が集まった懇親会の席で、シーハットおおむらの村嶋館長が「いっちゃんがいいと思うの」といって、突然携帯電話で連絡を取り始めたのだ。いっちゃんとは、長崎県民で知らない人はいないという存在の音楽家・演奏家で、ローカルテレビ局の司会業などでも大活躍していた市原隆靖さんのことだった。私もミニコミ誌の取材でインタビューをしたことがあった。

不思議なことだがちょうどその日、市原さんは偶然近くの居酒屋にいて、何で自分に連絡が？　と訳も分からないまま、とりあえず村嶋館長に誘われるまま懇親会の会場に足を運んでくれた。村嶋館長は即台本を彼に渡して、ぜひ主役をと説得にかかった。しかし、市原さんは多忙な人なので公演当日のスケジュールがすでに埋まっていて、その場では「お断りすることになるでしょう」という返事だった。

ところが11月9日の夜、市原さんの二宮明夫役が電撃的に決まる。その後の村嶋館長の説得もあったのだろうが、市原さんご自身にもひっかかりというか、突然の出演依頼に何か思うところがあったようだ。そこでスポンサーを訪ね、公演当日ミュージカルに出演できるようにスケジュールを調整してもらい、主役を引き受けるという決断をしたとのことだった。ここにいっちゃん主演で初オケ生演奏という市民ミュージカルの次回作の大きな目玉が揃った。

11月12日、キャスト発表の日。市原隆靖さんは初めて劇団員と顔合わせをして挨拶をした。そして読み合わせにも参加した。この電撃発表には、何も知らされていない団員達から驚きと歓喜の声が上がった。いっちゃんの主演でこれから作品はどう成長していくのだろうか。いろんな偶然と幸運が重なる『OMURAグラフィティー』の船出となったのである。

稽古開始と台本修正

稽古が始まってからも台本の手直しは続いた。

まず読み合わせをしてみて、戯曲講座参加者から「大村ではこうはいわない」という台本上のセリフに対する指摘が相次いだ。私の書く言葉が長崎弁であり、ご当地の大村弁とは違うというのである。そこはなるほどと思い、菊池さんに相談しながら修正していくことにした。

その他にも台本の内容について、「郡岳の登り口ルートが違う、地元の人はここからは登らない」、「あの頃ラムネではなくて大村ではペプシを飲んでいた」など、細かい指摘があった。大村への強い愛着心からみんなが指摘してくることなので、内心「どうせおれは長崎市民だよ！」とムッとしながらも、物語の本質とは関係ない部分でもあるので素直に修正することにした。

修正作業は稽古が終わって長崎に戻ってから始めるので、深夜パソコンに向かうことが多かった。だんだん大村らしい作品になっていけばいいと思いながら作業をしていたと思う。

台本のセリフについては後日こんなこともあった。中学生同士のケンカの場面で「アホ！」というセリフを台本に入れていたら、出演者達から「アホは関西言葉、大村ではアホといわない」という指摘があった。しかし、私としては長崎でもケンカの際に「アホ」という言葉を使っていたので、素直に納得できなかった。

そこで長崎市立図書館に行って「日本全国アホバカ事典」みたいな本を取り出して調べてみると、九州では広く「アホ」という言葉が使われていると説明されていた。もちろん大村でもそうだった。周囲の友人にも聞いてみたが「子どもの頃から使っている」という返事だった。

そんな理由で、私としては修正には反対だったが、結局このシーンは最終的に「アホ！」から「バカタレ！」に変更になった。九州や関西などの地域性の問題ではなく、

「中学生役の男の子の声が出ないから、出しやすいセリフに変える」との演出上の理由に納得したから修正することにしたのだった。

その後も演出から台本の手直しが入ったり、歌詞が変わったり、修正作業は続いた。当時の作家としての心境はといえば、「自分のかわいい子どもを寄ってたかってまったく別人格の子どもに育て上げられている」というような、完全に被害妄想に近い負の感情を抱いていたように思う。それに一ヵ所修正すると、全体の整合性がなくなる場合や意味不明になる場合、矛盾点が出てくる場合などがあり、その後の調整や後始末も作家の仕事だった。

当時の自分を何かに例えるとしたら、激しい暴風雨に叩かれてもそれでも必死になって自分の建てたボロ家を守っている情けない中年男。そんな表現がぴったりだと思った。

作家とは名ばかりで便利な脚本屋、こりゃ台本修正マシンだな。華麗な作家デビューは幻影だ。

私はぶつぶつ独り言に近い愚痴をこぼしながら、全体の見直しを迫られていたのだった。はあ、現実は厳しい。

その頃、長崎市立図書館で、あるシナリオ作家養成本を借りて来て読んだことがあった。周囲からシナリオの手直しを迫られた場合、どうやって対処しているか知りたかったからだ。するとテレビやラジオドラマで活躍する一流のプロ作家でも、「シナリオは修正の連続で、理不尽な要求に耐えながら書くもの。それがプロの仕事だ！ プライドだ！」というような内容を記していた。

何だ、そうだったのか。頑固に台本修正に応じないのは大作家かど素人。おれは今プロ作家として仕事をしているんだ。どんな要求にも応えて台本を手直ししてみせる。経緯がどうであれ、最後の最後に完成したものは間違いなく自分の作品だ。それがプロ作家というもんだ。そう思い直して、かろうじて小さなプライドを保ちつつ、私は日々を過ごしていた。台本の修正とカットを繰り返し、全体で90分程度の作品になっていったのである。

台本のセリフについて、その後も出演者からの質問には丁寧に対応するように心がけた。市原さんからもよく相談があったので、こちらの考えを伝えたり、資料を提供したり、必要な部分は手直ししたりするようにした。役作りを真剣に考えている人ほど、いろいろな角度から質問してくるので、こちらもそのつもりで真剣に調べ、誠意をもって答えることにした。

演出家は誰よりも台本を読み込み、幅広い見識とリーダーシップがなければならない。菊池さんの演出方法には説得力があった。私よりも台本の内容を読み込んでいるなとも感じた。キャラクターの統一感や各景の前後の背景について、キャストに考えさせ、演技を引き出していく。役者の読み込みが浅いとその指摘も鋭かった。一日の指導で魔法のように劇は成立していく。役者が生き生きとしてくる。だが、決して無理強いはしない。がまん強く役者から演技を自然に引き出す演出方法だ。

「中学生役は早口すぎる」。「セリフをブツブツ切らない」。「台本を読むだけのセリフではエネルギーとして弱い」。「言葉をクリアに」。「もっとパワフルに！」。「ちゃんと相手に伝える」。「大きなエネルギーでナチュラルにしゃべる」。

これが菊池流指導法なのだろうか。役者に投げかけられたアドバイスの多くの言葉に、個人としても深い感銘を受けた記憶が残っている。

12月に入ると、上田亨さんの曲が完成してどんどん送られて来た。

歌稽古と曲に合わせた大原晶子さんの振付指導が始まった。例えば郡川の伝説の河童《かっぱ》が踊るシーンなどは、大原流振付によって子どもたちがみるみる本物の河童に見えてく

オープニングの振付指導をする大原晶子さん（左端）

るから不思議だ。
主人公明夫が降り立つ長崎空港のオープニングシーン。ロビーを行き交う人々の動きがどんどん変化していく。バラバラなエピソードが振付によってまとまりをもって舞台上に渦を巻いていく。振付が進んでいくうちに、みんな喜々として真剣にダイナミックに動いていくようすがよく分かった。コンテンポラリー的とでも表現すればいいのか、観客を魅了するすばらしいオープニングシーンになったと思った。
初演の場合は、演技、歌、ダンス、すべてまったくのゼロから同時進行で創作していくので、再演に比べてかなりのエネルギーが必要だ。リアルタイムに創作過程を体験している私は、作家初心者として「苦労は多いけれど、この上なく幸せだ」と実感していたのである。

テーマ曲『オオムラザクラの木の下で』完成

年が明けて平成22（2010）年1月中旬。

ある企業の冠スポンサーが正式に決まったことが報告された。CM広告料負担と入場者にもれなくその企業製造の角煮まんを2個ずつプレゼントするらしい。そこで、急きょテレビCM用に『OMURAグラフィティー』の稽古風景を撮影することになった。

この件は主演の市原さんの紹介で実現したもので、ありがたいことだった。大原さんから「この不景気なときにスポンサーになってくださる企業はなかなかない。恩返しは演技で」という印象に残る言葉があった。

1月下旬。ミュージカルのテーマ曲であり、カーテンコールで歌う『オオムラザクラの木の下で』という曲が完成した。もちろん私の作詞。歌いやすい覚えやすい卒業ソングだ。公演の最後に出演者がこの曲を歌うときに、私は客席にいるのだろうか。どんな気持ちで聴くのだろうかと想像するだけで、涙腺がゆるむような感じがした。出演者も曲を気に入ったみたいで、よく稽古の合間に口ずさんでいた。出演者のひとりである岩永ゆかりさんは、「歌いながら歌詞でウルウルします」といってくれた。まさにこれが作家冥利というものだ。

今度の舞台ではOMURA室内合奏団の他に、外部からコーラスグループやバレエ団を招いてシーンを彩ってもらうことになっていた。

2月中旬、菊池さんからの出演者・スタッフに向けての言葉。

「振付ができる人、歌が歌える人は、積極的に全体を指導しなさい。まだまだお客さんに観てもらうレベルではない」。「自分たちのフィールドにOMURA室内合奏団やコーラスグループ、バレエ団を招いて公演する自覚と責任感をもつこと」。

その頃から劇団員の目の色が変わってきた。公演まで大変だが、劇団員にとってはホストとしての経験値を増やせるとても貴重な時間だと感じた。

当時、稽古中に書いた次のような走り書きのメモが残っていた。

本番10日前くらいから、役者の顔つきが違ってくる。これまでハスに構えていた人にも真剣味が出てくる。下手だと思っていた役者の演技が急によくなる。とくに子役。逆にその分ベテランの演技がつまらなく感じてくることも。みんなの距離もぐっと縮まる。連帯感というか絆が生れてくる。

この緊張感がもっと長く続けばいいのにと願う。同じ頃に疲労と緊張と不安で体調が崩れる人が続出。とくに子どもたちには「感染」する。しかし本番が近づくということは、言い換えればその役者がその役を演じる機会もあとわずかということ。一抹の寂しさを感じる。様々な思いが交錯する。

本番4日前。さくらホールに室内合奏団のオケが初めて入り、各シーンの音合わせが始まった。CDから発する音楽と生オケは、当たり前だが全然違った。微妙な音の伝わり方にもタイムラグがあった。いつもの稽古と違い、歌の出だしが遅れ、出演者に戸惑いと緊張が走っていた。外部出演のバレエ団とコーラスグループも参加。本番間近を実感させた。

上田亨さんに「小川内さん、自分の本が生オケで演奏されるのはいい気分でしょう?」みたいなことをいわれたので、「上田先生の音楽がいいので嬉しいです」と答えた。ここからの数日間、緊張感はあるが「至福の時」となるだろう。『OMURAグラフィティー』誕生から上演まですべてに関わったことを考えれば、ある意味大勢の出演者・スタッフの中で私が一番幸せな人間なのかもしれなかった。

いよいよ本番へ

物語の謎のヒロイン来生まりあの中学生時代を演じてくれた女の子は、大村から福岡までクラシックバレエを習いに通っている子だった。まりあのセリフに、「さだまさしの精霊流しの曲とは全然違う」というものがあった。さだまさしのヒット曲のもの哀しいイメージと、実際には爆竹で騒がしい精霊流しのイメージギャップを指摘するセリフだった。

本番3日前。まりあ役の女の子に「さだまさしの精霊流しって聴いたことあるよね？」と何気なく尋ねてみると、「ありません」と澄ました顔で返事をした。彼女の役作りを考えてみても、「はい、あります」と答えるとばかり思っていたので、内心「おいおいおい……」という気持ちがした。だがまあ子役だからとがまんし、翌日その子に『精霊流し』のCDを「これ聴いてね」といって渡した。

その女の子は、現在、宝塚音楽学校を卒業し、タカラジェンヌとして舞台に立ってい

本番当日、最後のオケ合わせ

ると聞く。数年後、音楽学校に入学が決まってから、彼女が一度さくらホールに挨拶に来たことがあった。私から「入学おめでとう！」と声をかけると、「ありがとうございます」と丁寧にお辞儀をして、きちんと挨拶を返してきた。受け答えもしっかりしていた。あれ？　私の作品に出演したあの頃に比べて「ずいぶん礼儀正しくなったな」というのが正直な感想だった。やはり経験や環境がその人を成長させ、変えていくのだろう。立派なタカラジェンヌだ。

本番前日、さくらホールに着くと、菊池さんに呼ばれた。市原さん演じる主役の明夫の最後のセリフを手直ししてほしいという依頼だった。どうも市原さんがしっくりこないらしい。幕が上がる直前まで最善を尽くすのが舞台だ。スタッフは最後まで妥協しない。5分ほど考えてセリフを修正し、菊池さんと市原さんに伝えた。これが台本の最後の手直しになった。

2月27日・28日、私の初作品は本番を迎えた。3回の公演はほぼ満席だった。合計約1400名の来場者があった。人気者のいっちゃんこと市原隆靖さんが主演ということもあり、観客の反応もすこぶるよかった。OMURA室内合奏団のみなさんも、アドリブでいろいろ工夫して、シーンを盛り上げてくださった。さすがプロだけあってメンバーの息もぴったりだった。カーテンコールでは、テーマ曲の『オオムラザクラの木の下で』を出演者が笑顔と涙で熱唱した。誰もが経験するふるさと大村でのほろ苦い青春時代を、一瞬だけ切り取って描いた内容の歌だ。卒業ソングとの意味合いもあった。

卒業アルバムの16ページ　君の青春が輝いている
いつも一緒だった友の笑顔　変わらないと誓った友情
夏祭り　秋の遠足　冬のかまくら　春の別れ
季節と一緒に星が流れていく

めぐる春夏秋冬　そしてまた春
オオムラザクラの木の下で　オオムラザクラの木の下で
オオムラザクラの木の下で　オオムラザクラの木の下で

机の上の写真立てから　友の顔が語りかけてくる
なつかしい思いがめぐりめぐる　よみがえるあの日ふるさと
夏の海　秋の落ち葉　冬の雪明かり　春の桜
もう少し君の痛みを分かちあえたら
ちがう春夏秋冬　そしてまた春

オオムラザクラの木の下で　オオムラザクラの木の下で
オオムラザクラの木の下で　オオムラザクラの木の下で

出演者達がテーマ曲を歌い終えると、渦を巻くような歓声と拍手が起こり、「ブラボー！」という声が上がった。その瞬間、ホール全体が異様な熱気に包まれていたように

打ち上げ。左から2人目が大原晶子さん、隣が菊池准さん、その隣が村嶋寿深子さん

感じた。

市民ミュージカルには参加者それぞれの思いがあり、たくさんの人が関わり、ひとつの舞台が完成する。以前にも同じことをいわれたが、その日も「小川内さん気持ちいいでしょう」と上田さんから声をかけられた。

上田さんは最後の最後に「作詞に曲をつけるのに苦労した」と本音の感想を一言。ミュージカル作品の歌詞とは呼べない私のレベルの低さがあったのだろう。これは大きな反省材料だった。それでも長い時間この作品に向かい合ってきた自分は一番の幸せ者だ。ホール全体の熱気を感じながら、私は改めてそう思っていた。

終演後、撤収作業を手伝う。みるみるうちに舞台や機材がなくなっていくと、やはり一抹の寂しさを感じた。すでに幻となった舞台セット。盛り上がった祭りのあとのあの空虚感と同じような感覚だった。

28日夜の打ち上げで、演出の菊池さんは「この作品は戯曲講座メンバー全員の勝利！」とおっしゃった。講座に参加したメンバーと一緒に、「ああでもないこうでもない」と練り上げながら書き上げた台本だけに、素直に嬉しい講評だった。

チケットの売れ行きを心配していた藤﨑さんは、ほぼ完売という結果にホッとしたようすだった。今回私に脚本を依頼した理由を、藤﨑さんは「書くプロだから。妙なこだわりやプライドは捨ててカットや変更があっても割り切って対応し、もっといいものを出してくるだろう」と思ったからだと、最後に説明してくれた。いつも厳しい目の藤﨑さんにとっても「今回の作品はおもしろかった」とのこと。お世辞かもしれないが、私のことを戯曲講座メンバーの「切り札」ともいってくださった。

これでようやく1年間の作家の闘いは終わった。

振り返れば、『具足玉伝説』の原作募集から戯曲講座に参加して、『光る海』の役者経験やスタッフ経験を経て、市民ミュージカル創作の全体の流れを勉強し、5年目にしてようやく実現した自作の舞台化だった。小脳梗塞の後遺症と闘いながらの挑戦でもあった。

今でもたまに『OMURAグラフィティー』のDVDを観ることがあるが、あの頃の自分にしか書けないシーンの連続であり、言葉の欠片《かけら》のオンパレードだ。思い入れの強い作品だけに、ついつい涙腺がゆるんでしまう。

この経験を生かしてまた新しい脚本を書いてみたい。さくらホールだけではなく県内のいろんなホールで上演できる作品を生み出したい。そのときはもっといい作品にしたい。創作中の産みの苦しみなどすっかり忘れて、打ち上げの心地よい高揚感の中で、私は本気でそう考えていたのである。

第二部　感動の舞台へ

第1章　世界遺産登録支援ミュージカルを創ろう！

『光る海　ハイライト公演』構成台本

ミュージカル『ＯＭＵＲＡグラフィティー』を終えて、その約2年後。

あれは平成23（２０１１）年のクリスマス頃のことだった。急に戯曲講座が開かれることになり、集まったメンバーを前にして、菊池准さんが「誰か光る海ハイライト公演の構成台本を書きませんか？」と投げかけた。そこでこんなチャンスはめったにないと思い、「はい、書きます！」と手を即挙げた。こんな経緯で、私は『天正遣欧使節ミュージカル　光る海　ハイライト公演』の構成台本を書くことになった。

『光る海』は天正遣欧使節を扱った宮崎ヨーコさんの作品だ。その『天正遣欧使節ミュージカル　光る海』3作目の本公演を広く告知し、盛り上げるために、プレ公演を制作することになったのである。上演日は平成24（２０１２）年3月25日と決まった。

ハイライト公演について、演出の菊池さんの考えでは過去2作品のエピソードシーンをつないで、四少年のローマへの旅の足跡を紹介するという内容にしたいということだった。上演時間は全体で60分程度。プレ公演とはいえ、ＯＭＵＲＡ室内合奏団の生演奏が入る予定になっていた。

そこで私は（四少年と出会ったという設定の）ゴアのインド人商人とローマの若いレディを登場させて、ストーリーテラーの役割を与えることにした。宮崎さんの原作からピックアップしたエピソードをふたりが紹介していく構成にしたのだ。四少年の足跡が分かりやすいように、スクリーンを活用して織田信長や豊臣秀吉や大村純忠の像を映し出したり、世界地図で四少年の旅の行程を紹介したりすることにした。

自分の頭の中で全体の構成が早く決まったので、構成台本初稿の制作期間は1週間くらいで済んだと思う。『ＯＭＵＲＡグラフィティー』のようにゼロから創作するものではなく、原作のエピソードをつなげていく作業であり、気持ち的には楽だった。挿入する歌詞も既存のものを使うから考える必要はなかった。もし内容について変更の指示があっても、稽古しながら手直ししていくことができるとも思った。

ストーリーテラーのインド商人・チャンドラ役を劇団夢桜の団長でもある川尻敏生さんが、レディ・クリスティーナ役を団員で高校生の吉村結希さんが演じてくれることになった。ふたりのかけ合いによる進行は、それぞれの個性が発揮されて、アドリブもあり、ユーモアあふれる楽しいシーンになったと思う。それからローマの貴族役にオペラ歌手の横山浩平さんが特別出演してくださることになった。横山さんはプロとして出演者の合唱指導も行った。同年8月に行われた『天正遣欧使節ミュージカル　光る海』本公演にも主人公の中浦ジュリアン役で出演してくださることになったのである。

世界遺産の勉強会

平成25（2013）年5月16日夜のこと。シーハットおおむらさくらホールで、市民ミュージカル次回作をにらんだ「長崎の教会群とキリスト教関連遺産」の勉強会が始まった。それまでのシーハットミュージカルは、地元大村のテーマ中心だったが、これから制作しようとしている作品の舞台は長崎県全体と熊本県にまたがるもので、初めての試みだった。

その日の勉強会には制作プロデューサーの藤﨑澄雄さん、舞台制作の達磨苑森裕美さん、戯曲講座のメンバー、劇団夢桜の団員ら10人近くが集まったと思う。

藤﨑さんの狙いは、「450年にも及ぶ日本キリスト教の伝播と浸透のプロセスを示す歴史遺産を、オリジナル市民ミュージカルとして制作し、世界遺産登録を支援・後押しして、構成資産のある県内各地を巡回公演したい。多くの人になじみやすいミュージカルという手法を通して、長崎が果たした日本と西洋文明の交流を多くの県民に分かりやすく伝えるとともに話題性をつくり、世界遺産登録に向けて県民の理解を深めたい」という壮大な計画にあった。

藤崎さんから説明を受けたとき、「この作品だけは自分が書きたい」と強く思った。運命とか必然とか、そういう言葉はあまり使いたくないが、そのときばかりはそう感じていた。

歴史ガイドブック『旅する長崎学』や旅行情報誌『ビギン』などの仕事を通してふれてきた、「長崎の教会群とキリスト教関連遺産」をテーマにしたミュージカルの脚本を書くチャンスが訪れたのだ。同時進行だった仕事と自分の夢がクロスした瞬間だった。こんなめったにないチャンスは逃がしたくない。これまでの仕事と脚本作りの経験を生かしたい。私にはそういう思いが一層強くなったのである。

勉強会ではあらかじめ当日の進行役を依頼されていたので、舞台上の大型スクリーンを使わせてもらい、長崎県のホームページから「長崎の教会群とキリスト教関連遺産」

紹介動画などを映しながら、自作のレジュメや関連年表を参加者に配ってレクチャー役を務めた。当時、このまま順調に登録申請のスケジュール通りにいけば、2年後には「長崎の教会群とキリスト教関連遺産」がめでたく世界遺産に登録される予定になっていた。

物語発想の原点は『旅する長崎学』

翌6月、次回作のための戯曲講座がスタートした。第1回目は戯曲講座メンバーが集まって、世界遺産登録支援ミュージカルのストーリーやプロット案をそれぞれが発表した。以後各自で案を進めることになり、2回目から菊池准さんが参加して、作品やアイデアを出し合った。菊池さんは戯曲講座のメンバーに「人間の対立や葛藤を書きなさい」とアドバイスを送った。

そこで私が考えた物語は、幕末の長崎居留地に大浦天主堂を建てたパリ外国宣教会のベルナール・プチジャン神父と、その建設工事を請け負った天草出身の大工棟梁小山秀之進の話だった。

このテーマを選んだ理由は、歴史ガイドブック『旅する長崎学』の取材中に、県立長崎図書館で借りたプチジャン神父の書簡集の内容に興味を抱いたからだ。まさにその書簡集には菊池さんのいう人間的な対立が記されていたのだ。

最初に私が考えたタイトル案は『天主堂とがんこ棟梁』だったと思う。

その後、何回か戯曲講座は続いた。8月下旬頃だったたか、菊池さんからスマホに連絡が入り、世界遺産ミュージカルの脚本を「小川内さんの作品中心で進めてほしい」と説明を受けた。つまり、私の提案した物語が次回作に選ばれたのだ。私は心の中で小さなガッツポーズをした。その際いろいろ話を聞いて、菊池さんの構想が何となく理解できたので、プチジャンと小山秀之進の対立を軸に、日本におけるキリスト教の歴史的エピソードを描くという方向で書き進めることにした。

こうして、『OMURAグラフィティー』に続く2作目の脚本を書くことが決まった。連絡を受けた日は素直にとても嬉しいと思ったが、同時に大きな責任を感じ緊張感も出てきた。『OMURAグラフィティー』のときの苦労もよみがえっていた。これから壮大な物語の創作が始まる。完成した作品はシーハットおおむらのさくらホール公演だけではなく、藤崎さんの構想では「長崎の教会群とキリスト教関連遺産」の構成資産のある南島原市と熊本県天草市の巡回公演の予定も入っているという。シーハット市民ミュージカルにとっても初物尽くし。何としても代表作にしなければ。私はそう固く決意した。

プチジャンと小山秀之進が生きた時代

フランス人神父ベルナール・プチジャンと小山秀之進を詳しく知るきっかけになったのは、歴史ガイドブック『旅する長崎学』第4号と第9号の取材だった。第4号は《「マリア像」が見た奇跡の長崎》というテーマで「信徒発見」、「浦上四番崩れ」、「信仰の復活」を中心に紹介したもの。第9号は《西洋と東洋が出会った長崎居留地》をテーマとしていた。

プチジャン神父と小山秀之進が出会うまでの歴史的経緯はこうだ。

浦賀の沖に不気味な「黒船」艦隊が突如出現し、江戸庶民の度肝を抜いて、江戸幕府を震撼させたアメリカのペリー来航から5年後。いわゆる「安政の五カ国条約」によって、鎖国政策から一転、幕府は欧米諸国に国を開いた。箱館（函館）、神奈川（横浜）、長崎、兵庫（神戸）、新潟の五港を開港し、国内に外国人居留地を設け、外国人の居住と貿易を認めた。敷地内に礼拝堂建設を許可し、幕府はそこに滞在する外国人の信仰の自由を認めたのである。

翌安政6（1859）年、東南アジアの布教を目的に活動していたパリ外国人宣教会のジラール神父は、ローマカトリック教会に禁教下の日本への再布教の使命を委ねられた。琉球（沖縄）で日本語を習得していた彼は、フランス総領事付通訳兼司祭として日本初上陸を果たす。そして、日本布教の総責任者として横浜に天主堂を建設したのであった。プチジャン神父がジラール神父に呼ばれ、滞在先の琉球から横浜に向かったのはそれから3年後の秋のことだった。

横浜に着いた翌年の夏、プチジャン神父は長崎の地に初めて上陸

木造建築の旧大浦天主堂

した。ジラール神父の指示で、長崎居留地の天主堂建設に着手していたヒューレ神父を手伝うためだった。その2カ月後、フューレ神父がフランスに帰国したため、プチジャン神父は当初の計画より遅れていた天主堂建設の責任者を引き継ぐことになったのである。

その天主堂建設工事の責任者が、天草御領大島出身の大工棟梁小山秀之進だった。安政6年、幕府の命令で長崎居留地の造成工事が始まったが、長崎近隣では入江に幅と奥行きのある大浦を埋め立てる危険な工事を請け負う者がいなかった。この難工事を請け負ったのが、肥後国天草赤崎村の庄屋であった北野織部《おりべ》とその一族の小山財閥。織部は秀之進の兄だった（秀之進は末弟）。彼らがこの難事業を請け負うことができたのは、高い技術力と財力があったからだろうと思われる。2人の兄弟は協力しながら造成工事に当たり、秀之進は旧グラバー住宅など居留地内の洋館建築も請け負っていったのである。

『プチジャン司教書簡集』の意外な内容

プチジャンと秀之進の出会った頃のことは、『プチジャン司教書簡集』にふれられている。この書簡集を読む前、私には勝手な先入観があり、崇高な使命のもとプチジャンは日本人の大工棟梁と互いに尊敬の意を示しながら、一致協力して天主堂建設に当たっていたのだろうと思い込んでいた。ところが、書簡集を読み進めるうちに、事実はまったく違っていたことを知った。秀之進の駆け引きやしたたかさにプチジャンは手を焼いていたのである。

その例を挙げてみる。秀之進がわざと大工や職人の人数を少なくし、工事を遅らせているのでないかと疑い、彼がその気になれば8日間で外部工事は完成するだろうと、プチジャンは腹を立てていた。プチジャンには秀之進が人を小馬鹿にしているように映っていた。天主堂の内部はまだ何も手はつけられていない状態なのに、戸も窓も柱の細工も、すべて自分の仕事場に用意してあると断言する秀之進に不信感をあらわにした。建物の正面に「天主堂」と日本字で書いた看板を掲げてくれと要請するも、「そんな大きな文字を書ける日本人はいない。そんな大きな筆もない」と、秀之進は応じない。窓の桟のデザインを変更しようとすると、秀之進は追加料金を要求してくる始末だった。

万事がこんな調子で、のらりくらりと対応する秀之進の態度に業を煮やし、高額の費用請求に怒りをあらわにするプチジャン。私の頭の中にはそんなプチジャン像が浮かび

信徒発見（ヴィリオン「日本聖人鮮血遺書」所蔵）

上がってきた。「信徒発見」を体験した崇高な神父という私の中のイメージとはかなり違っていたのだ。私達と同じように喜怒哀楽のある彼の態度に、私は親近感を抱くようになっていた。つまり、プチジャンがより身近な存在に思えてきたのだった。

『プチジャン司教書簡集』を何度か読み返してみて、生身の人間としてのプチジャンと秀之進の対立や葛藤は物語になる。単なる日本におけるキリスト教の歴史話ではなく、普遍的な人間の営みの話になる。私は直感的にそう感じて、ふたりを物語の中心に据え、大浦天主堂完成までを脚本に描きたいと思ったのである。

信仰を受け継いできた浦上村の潜伏キリ

シタンとプチジャン神父が出会う感動の「信徒発見」から、再び弾圧が始まる「浦上四番崩れ」、明治期に入っての「信仰の復活」までを描けば、物語はつながる。フィクションになるが、秀之進の教会建築にかける特別な思いを重ねていってもいい。ふたりの対立の意味付けにもなっていくだろう。そこに日本におけるキリスト教の布教から繁栄、禁教令による弾圧や迫害、日本人信徒の長い潜伏時代の歴史を織り込んでいけば、菊池さんの構想にもある壮大な物語になっていくだろう。まだおぼろげではあったが、そんな物語全体の流れを私は思い浮かべていた。

正式に脚本担当決まる

9月14日、少し悲しいニュースが入って来た。「長崎の教会群とキリスト教関連遺産」は「明治日本の産業革命遺産」に先を越され、政府による国内推薦がなくなったのだ。これで2年後の世界遺産登録の目も消えた。同時に一瞬頭をよぎったのは、「これで支援ミュージカルも中止になるかもしれない」という心配だった。だが藤崎さんに問い合わせてみると、「予定通りやる。南島原公演も天草公演もやる」との返事だった。私自身は内心ホッと胸をなでおろした。国内推薦が先延ばしになっても、長崎教会群のもつ

原城跡

普遍的な価値は揺るがないはず。こういうときこそ市民ミュージカルの力で支援しよう応援を続けようと、この日を境に戯曲講座メンバーの意志も統一された。
9月14日・15日の両日、シーハットおおむらで戯曲講座が開かれた。2日目はミュージカル制作の参考にしようと、戯曲講座メンバーと菊池准さんと大原晶子さんと藤﨑澄雄さんで南島原ツアーに向かった。南島原公演で使用する予定の南島原市ありえコレジヨホールを事前見学。キリシタン資料館、キリシタン墓地、島原の乱の舞台となった原城跡、有馬のセミナリヨが近くにあった日野江城跡などを巡った。とくに島原の乱後に処刑されたというおびただしい数の天草四郎軍の人骨のレプリカを見たときは、言葉を失った。日本人キリシタンの魂がよみがえらないように、幕府軍によって首と胴をバラバラにされ、土深く埋められたということだった。

ツアー終了後、2日間の戯曲講座のまとめをすることになった。ここで私が翌年8月本公演の脚本担当に正式に決まった。3月プレ公演の脚本を川尻敏生さんが担当することになった。まず私のやるべき仕事は、プレ公演のカーテンコールで予告用に使うために本公演のテーマ曲の歌詞を書くことだった。まだ本公演全体のストーリーが完成していない中で、宗教的ではなく普遍的な内容の歌詞という指導陣からの要望もあり、これは最初から難しい作業になるなと感じていた。

初稿

9月末から12月にかけて、集中して脚本に取り組んだ。『旅する長崎学』の取材で参考文献とした本や資料を何度か読み返した。物語に挿入する日本キリスト教史のエピソードシーンを検討するためだ。

ザビエルの布教エピソードを入れようか。日本二十六聖人の殉教をどうしよう。島原の乱も入れなければ。幕末の物語の進行に合わせて、他にどの歴史的エピソードを入れていくのか。

各エピソードは物語の流れに自然に入っていく必要があった。いわゆる縦糸と横糸との関係だ。いろいろな構成案を考えてみたが、なかなか頭の整理がつかなかった。挿入歌の歌詞も20曲以上考えなければならない。登場人物も思うように描きされていない。私はさすがに少し焦っていた。これが目に見えないプレッシャーというものだろうか。

11月中旬、初稿の途中までを指導陣はじめ関係者に送った。19日付の地元新聞に、翌年8月に上演予定の「長崎の教会群とキリスト教関連遺産」をテーマとした市民ミュージカルの出演者募集の記事が載った。記事を読んで、いよいよ世界遺産登録支援ミュージカルが動き始めたという実感がした。月末にはようやく初稿完成版を藤崎さんに送ることができた。

12月14日・15日に戯曲講座が開かれた。その日、私に待っていたのは菊池さんから初稿への赤入れだった。初稿はほぼ真っ赤だった。予想外の大量の赤入れを前に、私は少なからずショックを受けた。何とか気持ちを立て直し考えたことは、拙《つたな》い初稿を早い時期に最後まで書いたので、菊池さんや指導陣の全体の構想が鮮明になったのではないか。それがこの大量の赤入れにつながったのだ。こちらから具体的な提案をしなければば、具体的なダメ出しは出ないもの。そんなふうに自分にいいように解釈しないと、これから行わなければならない手直しというより膨大な作業のモチベーションが維持できない。そう思った。野球でいえばまだプレイボールがかかっていないような、ボクシングでいえばゴングすら鳴っていないような……、正直、その日は途方に暮れてしまい、私は本当に泣きたい気分だったのである。

難航する初稿修正作業

戯曲講座の打ち合わせで初稿から大きく変更になったこと。それはプチジャンら登場人物のキャラ設定だった。日本の歴史をプチジャンがあまり知らないという設定から、よく理解していたという設定に変更することになった。秀之進の弟子の三次（架空の人物）という若者も、もっと重要な役どころに設定変更することになった。そこに秀之進の娘さくら（架空の人物）とのラブストーリーをからめていくこと。長崎居留地に出没する勤王の志士や外国人少女（架空の人物）を新たに登場させること。そんなことが決まっていった。

大量の赤入れを前にして、私は呆然とした気持ちのままの状態で、翌朝からあらすじの手直し作業を始めることにした。

その頃長崎市公会堂で開催された市民劇場で『ロミオとジュリエット』を観賞したが、初稿の書き直し作業のことばかりが頭をよぎり、いつものように舞台に集中することができなかった。隣の席に戯曲講座仲間で劇団夢桜の牧野幸子さんがいたので、休憩時間にはひとしきり創作上の悩みを話し、愚痴をこぼした。第2幕でロミオとジュリエットの恋愛模様を追いながら、「三次とさくらのラブストーリーをどうしようか？」とあれこれ頭を悩ませつつ、舞台上の展開をぼんやり眺めていたことを記憶している。

その後、戯曲講座で指摘されたメモを参考にあらすじを書き直す作業を続けた。第2稿とはいえ新作に近い内容になる。手直しにかかる時間と作業量を考えるとやる気は出ず、気が重くなっていくばかりだった。

いつもの私のやり方なら、新たなあらすじを考えてすぐに脚本に書き下していく作業に入るのだが、第2稿に関しては少し時間をおくことにした。というより、当時はなかなか書き出せない状態に近かったのだと思う。いわゆる思考が停止して筆が進まない状態というやつだった。経験したことのないプレッシャーだった。それほど私の赤入れショックは大きかったのだろう。

この頃、戯曲講座メンバーの宮崎ヨーコさん、川尻敏生さん、平野宏さんから挿入歌の歌詞案が届く。苦悩する私のために、指導陣からの依頼もあって、あれこれアイデアを送ってくれたのだ。ありがたいことだった。ひとりで書いていると、思考が硬直し、歌詞の内容も同じパターンに陥りがちだ。送ってもらった歌詞の一部は、長崎の子ども達が大浦天主堂で落書きをするシーンや、日本二十六聖人が連行されるシーンで使わせてもらうことにした。自作にこだわるより、そのほうが作品の幅も広がるし、深みも出て来ると考えた結果だった。

クリスマスイブ。初稿への赤入れの内容と戯曲講座メモを確認しながら、ようやく脚本の第2稿を書き始める。登場人物達は頭の中でまだ動いてくれないが、少しずつ前へ進めることにした。そのうち戯曲の神様が舞い降りて来て、光が射してくることを期待しながら、パソコンに向かった。だが現実は厳しく、なかなか作業は進まなかった。私の頭の中で整理がつかず、ストーリーがつながらないことが一番大きな原因だった。登場人物のキャラ設定もまだはっきりしていない。それでも書き進めなければ。期限もあることなので、それしか方法はないと思った。しかし、正直にいうとときどきやる気を失った。パソコンの前から逃げ出したくなった。がんばっても書けないものは書けない。私は完全に行き詰まってしまっていたのである。

ストーリーがつながらない理由のひとつに、日本におけるキリスト教史のエピソードをどうやって本筋のストーリーに織り込んでいくかという初稿からの悩ましい問題があった。ザビエルの布教、日本二十六聖人の殉教、天正遣欧使節の四少年、島原の乱。三百数十年に及ぶ史実を一通り調べた上で、私の物語に合うエピソード部分をピックアップしなければならなかった。わずか10分程度のシーンのために、何時間もかけてザビエルの全生涯を把握しなければならなかった。他の仕事もあるし、限られた時間の中でこれは本当に気の遠くなるような作業だと思った。時間との闘いでもあった。物語に関連するキリシタン関係の自作年表を作り、歴史ガイドブック『旅する長崎学』や参考文献をいつもそばに置いて、私は使えるエピソードを懸命に探していたのである。

第2稿

平成26（2014）年正月明け。

この1カ月間は唇にデキモノができたり、口内炎になったり、胃の調子がおかしかったりした。やはり精神的重圧が身体の変調を招いているような気がしていた。小脳梗塞の後遺症とはまた違うが、悩ましい健康上の問題だった。どうしても仕事場にこもってひとりでパソコンに向かう時間が長くなった。目や肩も凝る。運動不足も重なったのだろう。こればかりは自力本願。乗り越えるしかなかった。

とにかく第2稿を書き進める。戯曲講座で要望のあった登場人物の人間関係を細かく検討していった。秀之進の娘さくらと長崎居留地に住む外国人娘マリアの出会いをどうするか。マリアは当然プチジャンと親しい設定とする。さくらとマリアは恋愛に悩む女性同士として親しくなり、急接近していくというのはどうか。そこに日本人と外国人女性の恋愛観の違いがうまく表現できればいいかなと思った。後々の実際の台本に反映されることはなかったが、この頃はふたりのサイドストーリーをいくつも考えていた。

そうだ、居留地に出入りする勤王の志士を大村藩の渡辺昇にして、マリアの父をイギリス人貿易商とすれば、倒幕のための武器を居留地に調達に来た昇がマリアとも知り合ったという設定にできる。渡辺昇は8月初演会場の大村出身の人物で郷土の英雄でもあるので、登場人物としては最も都合がよかった。

その頃、藤崎さんから1本の電話があった。8月のミュージカルの正式タイトルを考えてくれとのことだった。「すぐに考えます」と返事をしたものの、まだ脚本が進んでいない段階なので返事の歯切れが悪くなった。藤崎さんによると、申請していた補助金が取れて、12月の天草と南島原公演が本決まりになったという。3月には演出担当の菊池准さんと音楽担当の上田亨さんが来るので、そこで脚本の最終打ち合わせをするというスケジュールが決まった。私は2月末までに第2稿を書き上げると藤崎さんに伝えたが、まだ戯曲の方向性に確信がもてない状況では、悔しいがなかなか景気のいい言葉は出て来なかった。

一筋の光

1月の中頃のことだったと思う。私の脚本に突然一筋の光明が差し込んだ。登場人物の大村藩士渡辺昇のことを調べていたら、昇は坂本龍馬と交流があり、薩長同盟締結に尽力し、明治維新以後に（浦上四番崩れの）浦上村信徒の処置に関わっていた史実が分かってきたのだ。つまり、プチジャンと昇の歴史上の関わりが出てきたということになる。長崎居留地に昇が出没する理由もはっきりしてくる。ここから物語が一気に展開していくかもしれない、私には嬉しい予感がした。

その後、第2稿のあらすじとテーマ曲の歌詞を書き上げて、ようやく藤崎さんに送った。

2月に入り、一時のまったく書けない病状態から脱しつつあった。唯一の処方箋は何もアイデアが浮かんで来なくても逃げずにパソコンに向かい続けることだと思った。何とか中旬までに第2稿のラストシーンまで書き終えて、それ以降を推敲作業に当てたい。初稿をもう一度通読して、感じたことや後半部分を重点的に手直しすることにした。登場人物は同じでも、気がつけば初稿と第2稿ではまったく違う物語を書いていたのである。

タイトルは『赤い花の記憶　天主堂物語』

3月6日、県庁記者室で予定されている制作発表用の企画書案が藤﨑さんから送られて来た。記者発表には私も出席することになっていた。いよいよ待ったなしだ。正式なタイトルは『赤い花の記憶　天主堂物語』となりそうだった

「赤い花」はフランシスコ・ザビエルが日本に蒔いた布教の種から咲いた花をイメージし、日本におけるキリスト教の繁栄した時期を意味する設定にした。物語全体を象徴するもので、「赤い花」はテーマ曲のタイトルでもあった。

赤い花

あなたのまいた種に
水やる人がいて
東の丘に
赤い花　赤い花咲いた

あたたかな陽射し
春風に吹かれ
新芽ふきだし
赤い花咲いた

けれどもある日　北風吹いて
激しい嵐が　花びら散らし
東の丘は　暗闇につつまれた

それでもやがて　太陽は昇り
夜空の星は　またたきくりかえし
希望という名の　緑がかえってきた
再び再び……

あなたのまいた種に
光が降りそそぎ
西の丘にも
赤い花　赤い花咲いた

やわらかな陽射し
海風にゆられ
つぼみふくらみ
赤い花咲いた

つぼみふくらみ
赤い花咲いた

さて、赤い花を何の種類の花にするのか、私はまだ決めかねていた。その頃、日本二十六聖人の殉教の地にも咲いていたとの伝承のある椿を赤い花にしてほしいと、藤崎さんから提案があった。椿は長崎県花でもあった。

それで赤い花を椿の花に決めることにした。

あとでいろいろ調べて分かったことだが、長崎のキリシタンにとって椿は最も縁の深い花だった。外海地方には17世紀初期から中期に活躍した日本人伝道師バスチャンが奇跡を起したとの伝承のある「バスチャンの椿」という霊木伝説が残っていた。現在、日本二十六聖人記念館前に椿の木が植えられており、館内には椿をデザインしたステンドグラスもある。明治以降に建てられたカトリック田平教会や五島の多くの教会群にも椿のデザインが象徴的に描かれ施されていた。

禁教下の潜伏キリシタンが守り伝えた「マリア十五玄義図」に描かれている聖母マリアが左手にもっているものも白い椿であった。これは禁教令発布以降に日本で製作されたものといわれ、西洋の原画では白いバラが描かれていることから、当時日本になかった西洋バラを椿と解釈して日本的に変容したものと思われていた。

余談だが、信徒発見後にプチジャン神父の指導を受けたドミンゴ松次郎は、五島で伝道師を養成しようと頭ヶ島に仮聖堂を置いた。そこは「花の御堂」と呼ばれ、頭ヶ島教会の始まりといわれている。このように、史実でもプチジャン神父の教えと花がつながっていた。

つまり、長崎のキリシタンが最も崇拝する花として、あるいは日本にキリスト教が浸透していった過程での象徴的なものとして、赤い椿は物語全体の大きなテーマとなった。不思議な縁でつながっていく赤い花の物語。私の書く『赤い花の記憶　天主堂物語』の内容に最もふさわしい花が「椿」だったのである。

記者発表

2月後半、全体の通読を何度かして、第2稿を一応完成版として藤﨑さんに送る。指導陣からまたダメ出しの嵐が来て、大炎上するかもしれないとも思ったが、気持ち的にここで区切りをつけたかった。

長崎県庁での世界遺産登録支援ミュージカル制作の記者発表の日。正式なタイトルを『赤い花の記憶　天主堂物語』と報告した。まず村嶋寿深子シーハットおおむら館長が挨拶と概要の説明をした。天草公演でお世話になる予定の天草市民センター（約７００席）の女性所長も同席した。

概要説明が終わると質問の時間となったが、さすがに県庁記者室の敏腕記者の質問は具体的で鋭かった。記者の質問への回答を、村嶋館長からいきなり振られてびっくりすることもあったが、ある程度シミュレーションしていたので、どうにか答えることができた。そこには、まだ脚本が完成稿ではない段階なのに、さも作品全体を把握しているかのようにすらすらと答える作家としての自分がいた。この日の制作発表には長崎新聞、読売新聞、朝日新聞、西日本新聞、ＮＨＫ、ＮＣＣの記者が出席した。

世界遺産登録支援ミュージカルの意義について、私は以下のようなことを答えた。

一般市民の出演者・スタッフが、「長崎の教会群とキリスト教関連遺産」の勉強をしながら、ミュージカルの舞台を創り、演じる。来場者（市民）はミュージカルを観賞して世界遺産登録の意義を確かめる。そういう意味で、一般市民同士が主役となって世界遺産登録を支援し、後押しする有意義な企画だと思う。大村市、長崎市、諫早市、東彼杵町、南島原市、天草市の市民が参加する意義も大きい。

記者発表から数日後、劇団夢桜の岩永ゆかりさんからテーマ曲の歌詞「赤い花」に上田亨さんのメロディがついたとメールが届いた。さっそく音源を聴いてみると、とてもシンプルで素敵な曲に仕上がっていた。3月のプレ公演出演者は歌稽古中にウルウルするらしい。まるで自分の書いた歌詞の曲ではないみたいだ。第一線で活躍するプロ作曲家の仕事ぶりはやはり違うと思った。

天草四郎のサンチャゴシーン

3月23日のプレ公演本番前に指導陣と直接話をする機会があった。

第2稿のさくらとマリアの関係について、大原晶子さんから「日本人女性は外国人女性に憧れと嫉妬心がある」とのアドバイスを受ける。「知り合いの脚本家は、ダメが出たとき、同じテーマをまったく違う角度からアプローチしてくる。すると、びっくりするほど違う作品に見えることがある」とも。上田亨さんから第2稿について、「もっと音楽家と話をしないとだめ」、「この作品全体が音楽でもいい」との指摘を受けた。ミュージカル『レ・ミゼラブル』などのイメージなのだろうか。上田さんにいわせれば、セリフは少しでもいいらしい。菊池准さんには宿泊先のホテルの一室で第2稿について細かくアドバイスを受けた。

3人の指導陣のアドバイスをもとに、第3稿を書くことにした。演出助手の宮崎ヨーコさんから、「さくらの三次に対する恋心の歌詞を書きたい」とエールを送られたので、そのシーンは彼女に任せることにした。

同じ頃、菊池さんから大村在住の皿田圭作さんを紹介された。皿田さんは演劇集団円などの舞台美術や照明を多く手がけた舞台美術家。たまたま旅行で訪れた大村の風景が気に入り移住した人で、菊池さんの先輩に当たる舞台美術の専門家だ。そのご縁で、プレ公演の教会のセットや、8月本公演の旧大浦天主堂や日本二十六聖人の十字架のセットなどの図面を制作してくださることになっていた。

また、バリトン歌手の横山浩平さんがベルナール・プチジャン神父役を引き受けてくださることも決まった。横山さんは第37回長崎県新人演奏会でグランプリを獲得。東京、福岡、長崎などでさまざまなオペラに主要キャストとして出演し、活躍している新鋭の歌手だった。

私は当時第3稿を書き進めていたが、ラストシーン近くである悩ましい問題にぶつかっていた。

小山秀之進がプチジャンに向かって、浦上四番崩れで流罪となった三次や浦上村信徒達をなぜ助けないのかとなじる場面があった。三次の身を案じる娘さくらが心配のあまり泣き崩れるところだ。この場面、秀之進のセリフがきっかけで、プチジャンが信徒の釈放に向けて明治政府を動かすよう決意する重要なシーンにしたかった。だが、登場人物のセリフのやり取りだけでは、プチジャンの強い決意を表現するにはちょっと弱いと感じていた。

あれは長崎市立図書館に資料を借りに行った日の帰りことだった。仕事場までの道のりを歩いていたときに、突然ひらめくものがあった。信徒のために立ち上がるプチジャンと、圧政に耐える農民や日本人キリシタンのために立ち上がった天草四郎の姿が、頭の中で重なって浮かんできたのだ。

そうだ、このシーンに島原の乱のエピソードを挿入したらどうだろうか。私は急いで携帯ティッシュの表の紙に思い浮かんだイメージをメモした。仕事場に戻ってすぐにパソコンに向かい、脚本の手直し作業を行った。手直しを終えて、修正部分を読み返してみると、自分の中ですっきりと一本筋が通った。何となく心にストンと落ちるような、確信めいたものを感じた。「今回の脚本がミュージカル作品として成立するのではないか」と、初めて実感したのもそのときだった。

それが作品中の『サンチャゴ！　集え四郎さまのもとに』というナンバーになった。まさに少しだけ戯曲の神様が降りてきた、そう感じられた出来事だった。プチジャンの決意と天草四郎の決意が重なる場面。このシーンは後々ミュージカル出演者が最も出演したいと希望する感動のシーンとなったのである。

こうしてようやく第3稿ができあがった。3月末、最初に第3稿を送った演出助手の宮崎ヨーコさんから連絡が入った。「香盤表《こうばんひょう》（各シーンの登場人物や出演者を記した進行表）を作っているが、全体の流れがすっきりしている」との感想だった。私は少し気をよくして、最終の通し読みをしてから、第3稿完成版を藤﨑さんに送ることにした。

居留地数え歌の歌詞

3月29日から3日間の日程で、『赤い花の記憶　天主堂物語』のキャスティング・オーディションが始まった。初日、第3稿について菊池さんからダメ出しが多数出る。しかし、「ようやくダメが出せるようになった。これまでは訳が分からなかった」とお褒め？　の言葉もあった。私は宿泊先の大村のホテルで深夜まで必死になってダメ出し箇所の修正確認作業をした。

キャスティング・オーディション2日目。私は別室で修正作業に専念することになった。指導陣からリクエストがあり、天主堂建設に従事している大工達の労働歌を急きょ作詞することになったからだ。第一景の『居留地仕事かぞえ歌』の続きとなる歌詞のことで、午前中に作れという指示だった。

そのとき懸命に考えた歌詞はこうだ。

むっつ無理ば言わんと神父様
ななつ納得いかぬ浮き世だが
やっつやっぱりほしか食いぶちの
ここのつこのまま一年我慢して
とおでとっととおさらばたい

たぶん20分くらいで書き上げたと思う。書いているときは必死だったので、これでいいのかどうなのか、よく分からなかった。だが、あとになって歌詞を読み返してみると、短時間で考えた割には我ながらよくできたものだと感心した。こんな歌詞がとっさに浮かんで来た背景には、ガイドブック『旅する長崎学』の取材などで、幕末の長崎居留地の造成工事の状況をある程度理解していたことがあったと思う。そこに追い込まれた状況での火事場の馬鹿力的なものが加わったのだろう。

キャスティング・オーディション終了後、菊池さんからさらに後半部分の大きな整理統合を指示された。

第4稿から第5稿へ

平成26（2014）年4月。新年度の最初の仕事は、8月上演予定の市民ミュージカルの脚本作りから始まった。すでに何度も書き直し、脚本は第4稿に入っていた。精神的なプレッシャーから来るものだろう、頭部の髪の毛の一部が急激に薄くなり、髪全体が白髪だらけになり、口内炎を発症しながら、私は奮闘した。まさに満身創痍《まんしんそうい》だ。小脳梗塞の後遺症が出ないのが不思議なくらいだった。

もうここまで来たら自分の思うように書いてやろう。こんなに苦しんだのだから、物語のラストシーンも好きなように変えてやろう。そういうふうに思って、小山棟梁の娘さくらの恋人である大工の三次が流罪先から戻り、さくらと感動の再会を果たすという内容を、流罪先の津和野で死ぬことに変更した。残ったさくらは三次の子どもを生み、その子に父親の意志を受け継がせて、西洋の建物を建築する大工に育てる決心をして幕を閉じるという内容にした。その子が三次とさくらの育てる「赤い花」だと解釈したのだった。

4月3日には第4稿が完成し、藤﨑さんに送った。

数日後、菊池さんから第4稿後半部分の赤入れがメールで送られて来て、深夜に私のスマホに連絡が入った。そこで菊池さんと話し合って、結局三次は長崎に生きて戻って来て、さくらと感動の再会をするよう再変更することになった。その理由は、何かそういう三次とさくらの実話があればいいが、そうでなければ市民ミュージカルのラストとしてリアリティに欠け、ふさわしくないということだったと思う。悲劇と希望の混在するラストシーンも悪くないと思っていたのだが、苦し紛れの思いつきはやはり物語に重厚感を与えることはできない。そう思い直して、私は深く反省した。

第4稿の最終修正作業を終え、全体を読み返してみると、後半がテンポよくすっきりとまとまり、ようやく第5稿は完成した。

三次とさくらのモデル

信徒発見後にプチジャン神父から洗礼を受け、浦上四番崩れで役人に捕まり、津和野に流罪となった三次。プチジャンらの懸命の働きかけによって明治政府が信仰の自由を認めたとき、流罪先の津和野から戻り、三次はさくらと感動の再会を果たし、抱き合う。観客の涙を誘うラストシーンだ。

この三次とさくらは架空の人物なのだが、誰かモデルになるような人物がいないかいろいろ調べてみた。すると、長崎の伊王島出身の大渡伊勢吉という大工が大浦天主堂の建設に関わり西洋建築を学び、その後伊王島に戻ってフランス人のブレル神父の指導で大明寺聖パウロ教会堂を建てたということが分かった。この教会堂には当時の西洋建築の知識が注ぎ込まれ完成したという。大明寺聖パウロ教会堂の建物は、現在愛知県の博物館明治村に移築され現存している。物語の中の三次の生き方と伊勢吉の業績が重なる部分が多かったので、私は伊勢吉を三次のモデルと考えるようにした。

小山秀之進の娘さくらも架空の人物で特定のモデルはない。だがビジュアル的なイメージはあった。第2稿で悩んでいた頃に、以前長崎歴史文化博物館で買ったクリアファイルの女性の古写真を眺めながら、何となく彼女の目力に惹かれて、この女性がさくらだと考えるようになっていた。あとでよく調べてみると、この女性は幕末から明治期にかけて時代に翻弄《ほんろう》された薄倖《はっこう》の唐人お吉こと斉藤きちだと知った。境遇は違っていても、同じ時代を生きているさくらにぴったりのモデルだと私は思った。

台本完成

ようやく出演者やスタッフに配る台本ができあがった。直前の数日間の集中と緊張のせいか歯ぐきが腫れて痛かった。第4稿から第5稿に進行する過程で、過度の緊張もあってストレス性の体調不良は続いた。しかし、これで私の仕事は一息ついた。

シーハットミュージカル『赤い花の記憶　天主堂物語』。執筆を依頼された脚本は、書き始めてから約8カ月で一応完成の日を迎えた。物語の背景となる長崎のキリスト教史全般について、『旅する長崎学』（企画長崎県）と『ビギン』（長崎県観光連盟発行）で取材を始めたのは平成18（2006）年のこと。つまり8年前に遡る。この長い期間の

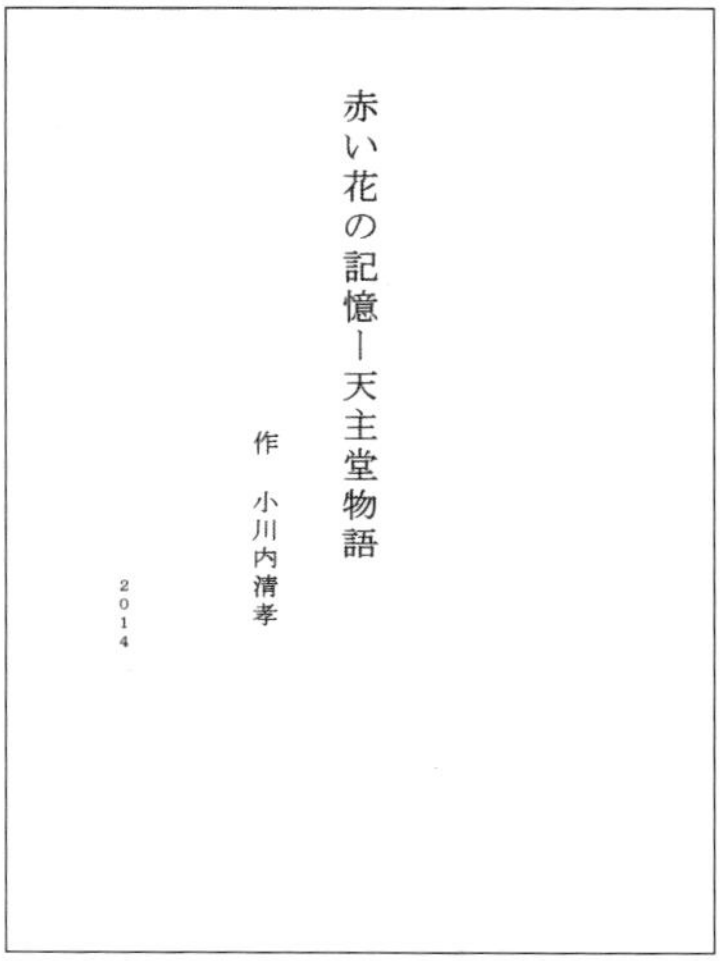
赤い花の記憶―天主堂物語

作　小川内清孝

2014

ようやく完成した台本

取材蓄積があったからこそ、最後まであきらめずに完成できた脚本だった。創作期間中は想像以上に苦しみの連続であったが、絶対に自分にしか書けないオリジナルミュージカル作品だと胸を張っていえる。この新作は、私自身ライター業を始めてから20周年の記念碑的作品となったのである。

第2章　『赤い花の記憶　天主堂物語』舞台制作メモ

キャスト発表と読み合わせ

平成26（2014）年4月10日の夕方、シーハットおおむらで劇団員や一般公募の出演者が集まり、第5稿の台本を配って初めての読み合わせが行われた。その3日後、キャストが発表され、本役で台本の読み合わせを行った。

公募で集まったのは大村市、諫早市、東彼杵町、それに長崎市の市民のみなさんだった。読み合わせ中、「信徒発見」や「浦上四番崩れ」のシーンでは史実と思いが重ね合わさったのだろうか、感極まって泣き出す人もいて、台本が私を離れ、それぞれの具体的な物語に変化していったことを実感した。

シーハットおおむらの村嶋寿深子館長や藤﨑澄雄さんからは、「ご苦労様でした」と労《ねぎら》いの言葉をかけられた。ようやく私はこの物語の台本を出演者に渡すことができた。これから演出と振付と音楽が入り、どんどん作品が立体的になっていくのだ。

大村初演の旧大浦天主堂のセット

天草の大工棟梁小山秀之進役を、村嶋館長の紹介で寺井順一さんが演じてくださることになった。プチジャンと対立する重要な登場人物だ。寺井さんは元大蔵省（財務省）勤務で、大村在住の小説家。市民歌舞伎の経験もあるということだった。

旧大浦天主堂のセット

本番の舞台では旧大浦天主堂を再現することになっていた。舞台美術家の皿田圭作さんが手がけてくださるのだが、当時の天主堂は現在建っている天主堂とは違い、木造建築の教会で三つの尖塔が立っていた。ただ、残っている古写真は正面の撮影で、側面や裏側がどうなっているのか分からなかった。

そこで、藤崎澄雄さんと私で長崎総合科学大学工学部建築学科を訪ね、当時の旧大浦天主堂を復元した模型を見学させてもらい、前後左右から写真を撮って皿田さんに渡すことにした。その写真を参考にして、皿田さんは精巧な図面を作成した。舞台上の物語の進行に合わせて、骨組みだけだったものがだんだん教会の建物として完成していくというセットの演出だった。

皿田さんの図面を見ながらこの演出意図を聞いたときには、本番の舞台を想像しただけで胸が踊った。ワクワクした。その他にも、長崎県立大学シーボルト校国際情報学部情報メディア学科に依頼して、旧大浦天主堂を立体的な映像にしたタイトルCGを制作してもらうことになった。これまでの市民ミュージカル作品とは違い、演出も舞台セットもより凝ったものになっている。並々ならぬ指導陣やスタッフの情熱がこの作品には注がれている、ありがたいことだ。私はそう実感していた。

台本のセリフについて思うこと

『赤い花の記憶　天主堂物語』の台本を渡し、読み合わせをした時期に、出演者から「これは間違いでは?」、「ここがいいにくい」、「セリフを変えたい」、「こんな言葉は使わない」という問い合わせが集中した。『ＯＭＵＲＡグラフィティー』のときにも同じような経験をした。

だが、その頃はまだ台本の読み込みが浅く自分の役だけに頭がいっぱいで、他の登場人物との関係性や全体の流れを把握していないので、明らかな誤り以外のセリフの変更はしないほうがいいと思い、そのように対応した。

私の役者体験からいってもそう感じられた。まずは台本通りにセリフも覚えて演技してみる。すると稽古していくうちに滑舌がよくなり、セリフは明瞭になっていく。演出や音楽や振付の指導が入ってくると、またどんどんニュアンスが変わっていくので、不都合があればそれからセリフの修正をしても遅くはない。あわてて浮き足立たないこと。しかし、いつでも変更できる準備と心構えだけはしておくこと。作家としてはそれが大切だと思った。

五島教会巡りツアー

4月21日、音楽担当の上田亨さんと一緒に五島の教会群を巡るツアーに出発した。これは上田さんのたっての希望で実現したものだ。作品中の歌詞の作曲について、テーマ曲の『赤い花』は完成していたが、その他の作曲はまだこれからだった。そこで五島の教会群を巡り、風土にふれて、どんな音楽にするのか、上田さんはイメージをより膨らませたかったのだろう。五島の教会群はガイドブックの取材で何度か訪れていたし、藤崎さんからの依頼もあったので、私が同行することになったのである。

ツアー初日、東京から福岡経由で来る上田さんとお昼頃に福江空港で合流することになっていた。ところが、長崎港発のジェットフォイル乗船中の私に藤崎さんから連絡が入った。上田さんが福岡空港から福江便に乗り継ぎできなかったとのこと。急いで上田さんに連絡してみると、次の福江行きは夕方の便になるらしい。

当日の予定では午後から福江の教会をいくつか巡って、夕方には新上五島町の奈良尾《ならお》港にジェットフォイルで移動することにしていた。しかし時間的に間に合わないので、ホテルと乗船予約をキャンセルし福江泊として、翌朝の第一便で奈良尾港に向かうように変更した。

17時半に上田さんと福江空港で無事合流。それから事前にアテンドをお願いしていた五島市観光協会（当時）の大坪裕也さんに堂崎天主堂と半止《はんどまり》教会を案内してもらった。半止教会は、車1台通るのがやっとの細い道を下り切ったところにある入江に建つ小さな教会だった。波の音しか聞えないという静寂に包まれた場所で、とくに印象に残った。

江戸時代末期にキリシタン弾圧から逃れるために、大村藩領から小船で渡って来た数家族が福江北西部の小さな浜に上陸した。しかし、全員がここに住むには狭いので半分の家族が止まり、残りの家族は三井楽《みいらく》方面に向かったことから、半止という地名で呼ばれるようになったという場所だった。

その日の夜は、大坪さんのご両親経営の居酒屋で夕食を取ることにした。大坪さんがちょうど22歳の誕生日ということだったので、上田さんと一緒にお祝いの乾杯をした。上田さんの予定が遅れなければ、福江泊はなかったことだから、これもまた何かのご縁だと思った。

翌朝、福江港から奈良尾港へ向かう。奈良尾港ではアテンドをお願いしていた新上五島町観光物産協会（当時）の福井康弘さんが迎えてくださった。

福井さんの案内で最初に訪問したのは福見教会だった。その堂内に入った途端、上田さんには何か感じるものあったそうで、感情がたかぶり突然涙があふれ出たという。音楽家の作曲のイメージが湧いてくるのはこんなときなのだろうか。上田さんの話を聞きながら、私はふとそんなことを考えていた。

　その日の夕方、奈良尾港から福江港経由で長崎港へ到着。上田さんに夕食をごちそうになる。その席で、テーマ曲『赤い花』の歌詞の内容について「どう思いますか？」と上田さんに尋ねてみた。一見単純なあの歌詞にはメロディを付けにくかったのではないかという意味で、私は質問したつもりだった。すると「あの歌詞があのメロディを欲している」と上田さん。出演者が何度歌っても心を動かされるというあのメロディ。歌詞がメロディを欲する……。なるほど、そういうことがあるのかと思いながら、私は上田さんの話に耳を傾けた。

　23日、私の友人の浜崎稔君の車で外海《そとめ》へ。午前中、出津《しつ》教会とド・ロ神父記念館とキリシタン資料館、それから大野教会を見学した。道の駅

新上五島町の頭ヶ島教会堂と上田亨さん

で昼食後、諫早《いさはや》駅まで上田さんを送り、そこで天草と南島原を案内する藤崎さんにバトンタッチした。

翌24日はシーハットおおむらで稽古に立ち会った。ちょうど上田さんが戻って来ていたので、館長室で天草と南島原ツアーの感想を聞いてみた。すると、教会群の縁の地を巡りながら「カーテンコールの『赤い花』の歌に入る前に浄化していくような音楽があって、赤い花に照明が当たって、広がっていくようなイメージが湧いた」そうだ。

その日の稽古では、上田さんが長崎の教会群を巡って感じたことを出演者に話し、自らピアノを弾き『赤い花』の歌唱指導をしてくださった。上田さんの話を聞いていて、長崎の教会群を巡る小さな旅は、生意気ないい方かもしれないが、上田さんの作曲にいい影響を与えるだろうと確信した。その後、実際に『赤い花の記憶　天主堂物語』の全編を彩る名曲が誕生していくことになったのである。

小山秀之進について

4月後半、菊池准さんの荒立ち稽古が始まる。どんどん役者に動きがついていく。役者のセリフにも感情がこもっていく。連日の稽古に立ち会ってみて、私にはこの作品は必ずいい舞台になるという予感がしていた。「長崎の教会群とキリスト教関連遺産」について、文化庁の文化審議会の国連教育科学文化機関（ユネスコ）への推薦も決まったようだ。これで平成28（2016）年の世界遺産登録の道が開けてきた。カトリック長崎大司教区の後援も決まり、シーハットミュージカル『赤い花の記憶　天主堂物語』に追い風が吹いていた。

『赤い花の記憶　天主堂物語』大村初演のチラシ

この頃からゴールデンウィークにかけて、プチジャンと対立する大工棟梁の小山秀之進のことを改めて調べてみた。彼は長崎居留地の道路舗装、階段、側溝など請け負った工事に故郷の天草石を使い、巨万の富を得た。その工事には島原や大村や天草から何百人という人夫や、石を運ぶ船の船頭達が携わったという。東山手や南山手の居留地跡に敷き詰められた石畳を踏みしめ、天草石に思いを馳せ、私は大浦天主堂周辺をゆっくりと散策した。

長崎居留地造成、旧グラバー住宅建設、旧大浦天主堂建設、高島や端島の炭坑開発事業など、秀之進が兄の北野織部と協力しながら手がけた業績は「明治日本の産業革命遺産」と「長崎の教会群とキリスト教関連遺産」のふたつの世界遺産候補にまたがっていた。これは秀之進の知られざる偉業といっていいだろう。

『プチジャン司教書簡集』の記述の中で見つけたひとりの大工棟梁が、長崎のふたつの世界遺産候補にこんなに深く関わっていたとは、正直にいうと脚本を書き始めた頃は気づいていなかった。プチジャン側から見れば工事は遅らせるわ、工事費用の追加請求はするわで、イライラの対象であり、いうことを聞かない悪役扱いだった秀之進。だが、彼の経歴を調べ、書き進めていくうちに、私の頭の中で秀之進の存在が日に日に大きくなっていった。これからふたつの世界遺産候補の登録が正式に決まれば、秀之進の残した業績はますます注目されることになるだろうと思った。

幕末の長崎居留地

物語が展開される当時の長崎居留地にはイギリス人、アメリカ人、フランス人、ロシア人、オランダ人、中国人など500人以上の外国人が住んでいた。大浦海岸通り（現在の市民病院付近一帯）に領事館、銀行、ホテル、貿易商社などが建ち並んだ。幕末から明治中期にかけて、裏通りに居酒屋、理容院、パン屋、洋装店、靴屋などが開業し、山手に外国人住宅が建てられた。居留地滞在の外国人には領事館員、貿易商やその家族、召使い、海軍軍人、船員、ポリスなどがいた。また、居留地造成工事に関わる日本人の人夫や職人、西洋の建物を建築する大工などが出入りした。貿易品や武器・弾薬などを買い付ける目的の日本人商人や藩士、坂本龍馬などの志士も往来した。長崎奉行所の役人の監視の目や見廻りなどはあったが、治外法権の居留地の敷地内に、当時の長崎の人々は見物目的で比較的自由に出入りが可能であったようだ。

プチジャンが初めて長崎にやって来た頃には、居留地造成工事もほぼ完了していて、娯楽施設としてボウリング場があり、西洋式ホテルが建って、「長崎レガッタ」という外国人によるボートレースが毎年長崎港で開催されていたという。夜な夜な舞踏会や演奏会やオペレッタなども開かれていたのだろうか。

そんな当時のにぎやかな風景を思い浮かべながら、私は物語の舞台となった長崎居留地跡を歩いていたのである。

ゴールデンウィークに入ってから、長崎歴史文化博物館近くのサント・ドミンゴ教会跡資料館を訪れる機会があった。江戸初期に建てられたこの教会跡地から出土した花十字紋の瓦《かわら》を見学するためだった。この瓦はサント・ドミンゴ教会の屋根に葺《ふ》かれていたものだという。花十字紋は十字架をあらわし、16世紀末から17世紀初頭にかけて、長崎のキリスト教関係施設で使われていた。ミュージカルの舞台では、浦上村の潜伏キリシタンが先祖の墓石に刻まれた花十字紋の石片を天主堂建設のために寄進するという重要な役割を果たす設定にしていた。それで発掘された花十字紋瓦を間近で見てみたかったのである。

挿入歌と振付

ゴールデンウィーク明けから、台本の歌詞に上田さんの曲がどんどん入っていった。オープニングシーンの『ばってん長崎』という曲が完成した。プチジャンが初めて長崎居留地のにぎわいに遭遇する場面だ。曲の出だしは中国風メロディだった。よく長崎をテーマにした歌謡曲にも登場する曲調だが、中国と交流の深い長崎の一般的なイメージなのだろう。当時の長崎居留地の滞在者名簿によれば、実際に中国人が一番多く住んでいたようだ。

　このシーンは入港した外国船を歓迎する行事が長崎港で開催されているという設定。長崎くんちの龍踊《じゃおど》りを子ども達が披露することになっていた。そこでリアルな龍踊りがいいかなと思い、私は幼稚園や保育園の行事で使われている龍踊り用の龍をどこからかお借りできないかと問い合わせていた。ところが、龍を借りて破損した場合の責任がもてないという制作側の理由でボツになり、結局別のアイデアで龍踊りの振付を考えることになった。

　大原晶子さんの『ばってん長崎』の振付が入ると、みるみる生きた芝居になっていく。平面的なものが立体的になっていく。自分の書いた歌詞に曲が付き、振付が付き、いい意味で私のイメージとは異なった作品世界が描かれていく。台本は設計図、音楽と演出と振付でいかようにも変化していく。時間や空間は瞬時で移動する。エンターテインメントなので時代考証的に大ウソもありだ。だからこそミュージカルはおもしろい。

　6月後半、振付の大原晶子さん、振付補の牧野みどりさん、出演者の岩永ゆかりさんと五島市久賀《ひさか》島の旧五輪教会を見学に行った。旧五輪教会は明治初期に建てられた浜脇教会を移築したもので、瓦葺木造建築の教会だ。国の重要文化財にも指定されている。

小さいが静寂に満ちた美しい内観に目を見張った。この日は、前回上田亭さんを案内してくれた五島市観光協会の大坪裕也さんが案内してくださった。

以前私がガイドブックの取材で長崎県内の教会群を巡ったことが脚本のヒントになったように、上田さんや大原さんも作曲や振付のヒントを得るために教会群を巡っていたと思う。指導スタッフの熱心な現地取材や情報収集活動が、実は『赤い花の記憶　天主堂物語』という市民ミュージカルの重要な土台部分を支えていたのである。

ミュージカルの歌詞について

7月中旬、初めて全景の通し稽古が行われ、朝日新聞の取材が入った。その日、稽古に立ち会ってくださった舞台美術の皿田さんから「本がいい」と褒められた。これは予想もしてなかったプロの温かい言葉だったので、少し照れたが素直に喜ぶことにした。夜、菊池准さんと宮崎ヨーコさんと最終的な台本の大幅カットを検討する。そこで三次のさくらへの求婚シーンがなくなり、10分近くの短縮となった。深夜、長崎に戻り、その修正作業を行った。

7月21日は大村のホテルに泊まった。夜、上田さんに「セリフを書くように歌詞を丁寧に書いていないような気がする」と、脚本の内容について指摘を受ける。『ＯＭＵＲＡグラフィティー』のときも同じような指摘を受けた記憶があった。ミュージカルの歌詞についてはいつも苦労する。それなりに気を使ってきたつもりなのだが、現実問題としてやはりまだ実力不足なのだろう。音楽を理解できていないからなのか、センスの問題か、セリフと比べて力の入れ方に落差があるのか。上田さんから「菊池さんの歌詞は一行も変えないでメロディが湧いてくる。小川内さんのはよく理解できない」との率直な感想も頂戴する。ミュージカルの中の歌詞としては適切ではない歌詞を書いているという意味なのだろう。

ミュージカルの歌詞はセリフと同じ。ストーリーの前後をつなげるもの。その先にストーリーを展開させる役割のもの。頭では理解しているつもりが、結局できていないということなのだった。この二度目の指摘は今後の重要な課題にしようと思った。

稽古現場では同時進行で台本の変更が続いた。稽古場にパソコンをもち込んで、その場で出演者の要望や演出上の理由による修正に対応した。「ようやく作家らしくなってきた」。私のあたふた対応する姿を見て、菊池さんからかけられた言葉だ。

台本は刻々と変化した。さくらとマリアの会話が変わり、日本二十六聖人が連行されているときに歌う『イエス・マリア』の歌が中止になり、セリフと音楽だけになった。反対に、一度中止になった小山秀之進役の寺井順一さんが歌う『ふるさとの石』のソロが復活した。いよいよ大詰めだ。

市民役者とプロ意識

7月末の土日は17時間以上の稽古漬けだった。指導陣がダメ出ししながらのシーン稽古だ。

日曜のお昼、出演者全員で弁当を食べながら主演の横山浩平さんを囲んで話し合いが行われた。横山浩平さんは「このままでは必ず失敗する。覚悟を決めて思いきって下手でいいからありのままを出そうよ」と、現状の出演者の甘い姿勢を厳しく指摘する本音の警告があった。

市民ミュージカルの長い稽古期間には、互いの気心が知れて慣れから来る中だるみ期間が必ずある。市民ミュージカルにふれた最初の頃には気づかなかったことだが、回を重ねていくうちに、私にもそれがだんだん見えてくるようになった。市民役者とプロの意識の違いで起こることなのだろう。しかし、この舞台は入場料を取って発表するもの。観客にとってはアマチュアもプロも関係ない。指導陣がよく市民ミュージカルの稽古を「3歩進んで2歩下がる」と表現するが、毎週の稽古を見ていて私もそう感じるときがあった。浩平さんはプロとしてかなり危機感を感じていたのだろう。

その話し合い以降、出演者間に稽古の集中力とまとまりが増した。一度消えかけていた出演者のエネルギーがまた戻って来た。あと必要なのは一体感だ。

浩平さん同様、私もこの作品は必ず成功させたいと強く願っていた。

歌詞と落語と都々逸《どどいつ》と

私が書くミュージカルの歌詞には、発想に行き詰まると落語や都々逸の一節が登場することがある。私の趣味の世界をちょっと利用するという感覚だった。

『赤い花の記憶　天主堂物語』のオープニングで、幕末の長崎の人々が歌い踊る『ばってん長崎』という長崎を自慢するシーンにも登場させた。三遊亭圓生の「てれすこ」という落語の枕で、「大坂さかいに京どすえ、長崎ばってん江戸べらぼう」というお国言葉を比べる慣用句が登場するので、どうしてもこの一節を使いたいと思っていた。その昔、江戸、大坂、京と肩を並べるくらいの存在だった長崎。それを象徴する一番の言葉だと思ったからだ。きっと長崎自慢になるはずだ。最終的にこれは「大坂まいど　で京どすえ　江戸べらぼうめ　なら　長崎ばってん」という歌詞になった。

また、古今亭志ん朝の「試し酒」の中にも登場する「明けの鐘　ゴンと鳴るころ　三日月形の　櫛が落ちてる　四畳半」という何とも艶っぽい都々逸も大好きで、これもどこかに使いたいと思っていた。それで、長崎居留地で働く大工や職人のために元気な女性達が食事を作る『ああ　忙しか！　忙しか！』という歌のシーンの、たとえ忙しい中でも遊び心を忘れない女性達が妖艶に歌う場面で登場させることにした。これは「ため息まじりに　見上げる月に　櫛を重ねる　梅香崎」という歌詞に変化してのお披露目となった。

女性陣が作る食事メニューについても、あれこれ悩みながら歌詞を考えた。私は結局にぎりめしと長崎てんぷらを選ぶことにした。両方とも重労働の大工や職人達が短時間で食べられるし、しかも高カロリーだ。にぎりめしは手軽に口に運べて食べやすい。長崎てんぷらは南蛮渡来の料理で、衣が厚く冷めてもおいしく食べられるという特徴がある。江戸時代の屋台メニューでもあったてんぷらは串で刺して食べられていたそうなので、現場の大工達にとってても食べやすいだろうと考えたのである。

史実からミュージカルへ

旧大浦天主堂が完成して、噂のフランス寺を見学に来た長崎の町娘達。

このシーンの脚本を書く際に参考にしたは、当時プチジャンがフランス語を教えていた江戸町の学問所で学ぶ若い武士が、天主堂の内観を見学に訪れたという史実だった。プチジャンの書簡集によると、正月の年賀に来たその武士は、「これは本当に立派だ！まるで極楽のようでござるなあ！」といったそうだ。実はこの史実をそのまま脚本にしようと思ったのだが、武士ではもうひとつ華がないという演出上の理由や、若い女性出演者が多いということも考慮して、数人の若い町娘達が大浦天主堂の見学に訪れるというシーンに変更した。

そして生まれたのが『素敵なフランス寺』という曲だった。しかも、着物からドレスに早変わりするという振付上のサプライズシーンが生まれるきっかけにもなったシーンだ。脚本と演出と振付と音楽の化学反応というか、相乗効果というのか、それに出演者の演技や華麗なダンスが加わって、優雅なミュージカルシーンとなっていく。『素敵なフランス寺』では、ある史実がミュージカルとして華麗に変貌していくさまを、驚きと感動をもって作者は見つめることになったのである。

幕末の卵の値段

稽古に立ち会う間、出演者の台本についての疑問には必ず答えることにしていた。『赤い花の記憶　天主堂物語』の中で、プチジャン神父が卵500個を使っておいしいもの（かすていら）を作ってくださいと長崎の人々に提案する場面がある。ある日、「幕末当時、長崎名物かすていらを500個の卵を使用して作ったら、その値段はいったいどのくらいだったのですか？」と出演者からの質問があり、ちょっと調べてみることにした。

幕末当時、ゆで卵1個の値段がかけ蕎麦《そば》1杯と同じくらいだったそうだ。1個400円と換算すると500個で20万円也。砂糖の値段はキロ当たり約6千円だったという記録もある。それに小麦粉や水飴などの材料費や光熱費などを加えると、（正確には分からないが）25万から30万円くらいにはなったのだろうか。今でいえば超高級スイーツということになるのだろう。

こういう回答をすると、現代のスイーツを作って普通に食べるのとはまた違った喜び方を出演者が工夫するきっかけになる。台本に関連しての役作りのアドバイスをするのも、作家の重要な仕事だと私は思う。市民ミュージカルの作家と役者の関係には、互いに学びあい、刺激しあって、よりよい作品作りに生かすという相乗効果もあった。

『赤い花の記憶　天主堂物語』初演へ

8月5日。音響や照明や舞台監督などのスタッフ用の最終修正台本を藤崎さんに送る。その日の夜、宮崎ヨーコさんから電話が入る。大村藩の幕末の志士渡辺昇役のベテラン男性が急病で出演できなくなったとのこと。急きょ、市民ミュージカル経験があり大学受験のため劇団活動を休んでいた高校3年生の男の子が代役を務めることになった。

彼は翌日から稽古に参加し、3日間の特訓でセリフと歌詞と歌と振付を覚えた。彼の稽古中に私は「よろしく頼む！」と握手を求めた。差し出した私の手を力強く握り返した彼。シーハットミュージカルでは、緊急事態が起こっても10年の蓄積があり、何とか対処できる。他にはない人材という財産がある。そのときの窮地にも指導陣やスタッフは動じることがなかった。彼が本番の舞台で立派に代役を果たしてくれたことはいうまでもない。

8月6日の夕方、場あたり稽古が行われた。舞台上には天主堂のセットが完成してい

大村公演初演（ゲネプロ）

た。OMURA室内合奏団、照明、音響、舞台スタッフも入り、出演者は本番が近づいたことを実感し、ハイテンションになっていた。指導陣も勢揃いして、作家の出る幕はもうない。翌日はオケと舞台スタッフのテクニカル稽古に立ち会った。だんだん自分から離れていく作品が少し寂しくも愛おしくも感じられた。

本番前日、急病で出演できなくなったベテラン市民役者の男性からのメッセージを村嶋館長が代読した。彼の悔しい思いを受け止めて、静かにメッセージに聞き入った出演者全員がこの舞台の成功を誓った。

8月9日、『赤い花の記憶　天主堂物語』初演の幕が上がる。オープニングで、横山浩平さんの歌声がシーハットおおむらさくらホールに響き渡った。客席を見渡してみると満席だった。初演を見守る作者の気持ちは、「どうか大きな失敗がありませんように。役者全員がいい表情で舞台に立ちますように」が先で、「自分の作品が評価されますように」はその次だ。長い期間の稽古に立ち会ってきた私の偽りのない心境だ。もっとも、役者が光り輝き躍動する舞台になれば、作品自体も自然に評価されることになるのだ。

8月10日午前中、2回目の舞台の幕が上がった。昨日より出演者は落ち着いていた。私は終演後にＮＨＫ長崎放送局のインタビューを受けた。このインタビューは九州全県に流れたらしい。

午後の3回目の舞台は観ずに、私は午後一で長崎に戻ることにした。1年前からスケジュールを入れていた平和ボランティア活動に参加することになっていたからだ。

そのとき、ＪＲ大村駅で日頃からお世話になっている料理研究家の脇山順子さんと一緒になった。脇山さんは夫妻で午前中の舞台を観劇してくださっていたのだ。長崎まで脇山夫妻と同じ電車で帰ることになったので、率直な感想などを聞いてみることにした。

脇山さんは「よかったわよ。小川内さんのこれまでの仕事の集大成よね」と温かい言葉をかけてくださった。私の普段の仕事ぶりをよく知っている方だけに、そういう感想が何よりも嬉しかった。

午後の平和ボランティア活動を終えて、夜、打ち上げ参加のため夕方再び大村へ向かう。打ち上げの席では、ひとり1分以内と限定されていた出演者の「一言」がそれぞれ長かった。稽古期間中に大変だったこと、苦しかったこと、それでもこの作品に関わることができてよかったことなど、各出演者は時間をオーバーして熱く語っていた。仕事があり、学校があり、家庭がある中で、この舞台にかけた思い入れがあり、あふれる出る感情が長い一言となってほとばしったのだろう。そんな作品の作者と呼ばれて、この作品に関わったすべてのスタッフの中で一番の幸せ者が私だと実感していた。これは『OMURAグラフィティー』のときとまったく同じ感情だったのだと思う。

第3章　夢の長崎公演が現実に

南島原と天草公演

大村初演は好評のうちに幕を閉じた。その年の12月には『赤い花の記憶　天主堂物語』の南島原公演と天草公演が行われることになっていた。大村初演メンバーと公募で集まった南島原市民と天草市民が共演する舞台だ。

それに伴い開催地の地元色を出すために、大村公演の反省も含めて、台本を修正・変更することになった。演出の菊池准さんからは2時間近くになった上演時間を10分程度短縮する意向が伝えられた。まずは大村公演のＤＶＤを確認しながらスタッフのためのト書きやＳＥ（音響効果）、音楽入りのきっかけなど大村公演本番までに変更になった箇所を修正した。さくらとマリアのデュエットシーンをカットすることにして、あとは両地区のキャストが決まってから対応することにしようと思った。

旧暦と新暦

この頃、脚本の手直し作業をする中で、初演台本で気になっていたことを一度整理してみることにした。例えば旧暦（太陰太陽暦）と新暦（グレゴリオ暦）のこと。幕末の史料では日本側の旧暦と外国側の新暦表示が混在しているので、脚本を書く中で時間の統一した流れを把握するには頭の整理が必要だと感じていた。

例えば、元治２（１８６５）年「信徒発見」の日と長崎居留地の大浦海岸通りに陸蒸気（蒸気機関車）が走った日について。『プチジャン司教書簡集』によれば、大浦天主堂でプチジャン神父が浦上潜伏キリシタンに信仰を明かされた「信徒発見」は3月17日。一方、英貿易商グラバーが上海からもち込んだ陸蒸気が走った日も日本側の史料によると3月17日とのことだった。

この日付だけを最初に確認したとき、「同じ日に歴史的なことが同時に起きた！」と私は早合点《はやがてん》した。初演の台本もそういう設定にしていた。だがよく考えてみると、「信徒発見」は旧暦の2月20日で、陸蒸気の走った日は旧暦の3月17日なので新暦でいうと4月12日（慶応と改元）。約1カ月のずれがあった。このあたりが幕末から明治維新にかけての複雑なところだ。江戸時代の旧暦には3年毎に閏月《うるうづき》というものがあり、1年が

13カ月の年があった。

つまり、プチジャンのいう正月と秀之進のいう正月は違う日なのだ。そこで私は、登場人物達の師走や正月など季節の会話シーンにも、旧暦なのか新暦なのか、台本の内容に齟齬《そご》はないか、史料の確認や修正作業を行い、全体の時間の流れを整理することにした。

しかし最終的には、初演の台本通り「信徒発見」と陸蒸気が走った日をあえて同じ日の出来事というフィクションの設定にした。史実劇ではなくミュージカルというエンターテインメント性を考慮した結果そうすることにしたのだ。

お客様アンケートで、「この舞台は史実と異なるところが何箇所かあった。作者は勉強不足！」という指摘を受けることもある。こういうときに私が作家として思うことは、史実を知っていて創作するのと、史実をよく知らず想像だけで創作するのとでは、作品の奥行きや深みがまったく違ってくるということ。私が書いたものは史実劇ではなく、ミュージカルなのだから。史実を確認した上でのフィクションならば、史実と異なると批判されても、それはそれで構わないと思っている。

NHKニュース9で紹介される

9月17日、この日嬉しいことがふたつ重なった。まずは「長崎の教会群とキリスト教関連遺産」の政府推薦が内定し、平成28年度の世界遺産登録を目指すことになったと、NHKニュース9で紹介されたこと。次にそのニュースの冒頭で『赤い花の記憶　天主堂物語』大村公演の模様が紹介されたことだ。この作品の作者が私だと認識している人が全国で何人くらいいるのだろうか。いや、ほとんどいないだろうな。もちろん全国版のニュースで自分の作品が紹介されるのは初めての経験だった。最初、まるで他人事のようにニュース映像を眺めていたが、私達の制作した市民による世界遺産登録支援ミュージカルが、全国に認知されたように思えて、見終わってからじわじわと喜びが大きくなっていった。

公演地に合わせて台本修正

9月末、天草と南島原でキャスティング・オーディションが行われた。私も指導陣に同行した。事前の打ち合わせで、「天草版と南島原版の修正台本を」と菊池さんからリクエストがあった。それでまずは、禁教時代に日本に潜伏した日本人司祭の金鍔《きんつば》次《じ》兵《ひょう》衛《え》のことを渡辺昇が歌いながら子ども達に紹介するシーンとさくらとマリアのデュエットシーンをカットし、全体を10分短縮した。それからオーディションを見ながら、修正台本のアイデアをあれこれ考えることにした。

大村初演ではローマに旅立つ遣欧使節の四少年を見送るキリシタン大名の大村純忠を登場させたが、南島原版台本には同じシーンにキリシタン大名の有馬晴信を登場させることに変更した。プチジャンとマリアが長崎の子ども達に向かって、有馬のセミナリヨという神学校では絵画や銅版画、歌や芝居、西洋楽器、ラテン語などを教えていたことを話して聞かせるシーンも追加することにした。

一方、天草版台本では、天草のコレジヨという神学校で四少年が海外からもち帰った西洋印刷機を使って書物を作っていたことなどをプチジャンに説明させるシーンを追加した。キャスティング・オーディションの4日後にはそれぞれ地元のエピソードを入れた修正版の台本が完成した。

初めて訪れた天草市民センターホールの緞帳《どんちょう》には、天草四郎と椿が描かれていた。物語のテーマとなった赤い花は椿の花なので、天草公演会場となるこの舞台に私達は不思議な縁を感じた。

天草市民センターホールの緞帳

その頃、シーハットおおむらの村嶋寿深子館長から有馬晴信関連の本をいただいた。その本を読んでいると、四少年を長崎港から送り出したときの有馬晴信の年齢は有馬氏の系譜から20歳となっていた。ところが、イエズス会年報の記述では当時の晴信は15歳だったことになっていた。この5歳の差は役を演じる上で大きい。私は晴信役の役者さんにこのことを伝え、どういった年齢を想定して演じるかは役者と演出の判断に任せることにした。

南島原公演の稽古は、それぞれ出演シーンを大村出演者組と南島原出演者組に分けた構成にして、大村と南島原で別々に行われた。3地区天草公演も同じような形式になった。

の稽古が進むにつれて、私は状況に応じ、セリフの修正作業を行うことにしていた。

天草四郎について

3地区の稽古が進んでいた10月頃、南島原では出演者同士でまとまりが出てきて、出演者のひとりである相良伸介さんがみんなの連絡用に「サンチャゴ新聞」というものを発行し始めていた。

この「サンチャゴ」とは島原の乱で四郎軍の農民らが鬨《とき》の声として使っていた言葉だといわれ、十二使徒のひとりで守護神でもある聖ヤコブのスペイン語名だ。相良さんから依頼があったこともあり、私も「サンチャゴ新聞」に物語の時代背景や作者からのメッセージなどを寄稿することにした。

島原の乱のカリスマ的指導者である天草四郎について、改めていろいろ調べてみると、長崎で生まれたか、あるいは幼い頃に長崎に住んでいたということが分かってきた。島原の乱後に斬首された四郎の首は、長崎の出島に運ばれ、さらされたあと、浦上街道沿いの西坂に埋められたといわれている。以後、そこは首塚と呼ばれようになり処刑場になったという。長崎原爆が投下される以前には案内板があったともいわれている。つまり、天草四郎は長崎とも関係が深いことが分かってきたのだった。

日本二十六聖人の殉教地

長崎の西坂といえば、日本二十六聖人の殉教の地だ。その殉教地に向かって大浦天主堂は建てられたといわれているが、『プチジャン司教書簡集』によれば、幕末当時には殉教地がどこか特定されていなかった。プチジャンは調査を進めていくうちに、西坂より上手の立山《たてやま》の女風頭《めざがしら》付近が殉教地だと考えていたことが分かる。その女風頭付近に向かって大浦天主堂は建てられたと思われている。プチジャンは当時ジラール日本教区長を立山へ案内して、日本二十六聖人の殉教地としての承認を得ている。それ以降、女風頭が長い間日本人キリシタンの巡礼地となっていた。しかし、その後浦川和三郎氏ら日本人関係者によって詳しい検証がなされ、現在の西坂に殉教地が落ち着いたのは昭和時代に入ってからのことだった。

このエピソードについて、脚本の中では浦上村の信徒達が伝承として西坂が殉教地だということを知っていて、プチジャンに教えるという設定にした。

ナレーション

南島原・天草公演では、大村初演で投映した冒頭のタイトルロールがホールの設備の関係で中止になり、その代りにナレーションを入れることになった。菊池准さんから「小説の冒頭のようなナレーションにしてほしい」というリクエストがあった。何度か菊池さんや宮崎ヨーコさんとやり取りをしてできあがったのが以下のナレーションだった。

江戸幕府が世界に向けて扉を開き、日本が大きく変わろうとしていた、激動の維新前夜。三方を緑輝く山々に囲まれ、一羽の鶴が羽を広げたような形をした、美しい長崎の港にひとりのフランス人神父が降り立った。

神父の名は、「ベルナール・プチジャン」。彼の任務は、長崎外国人居留地に天主堂を建設することであった。が、工事を急ぐ神父の前にひとりの日本人棟梁が立ちはだかった……。

『赤い花の記憶　天主堂物語』。のちに世界を感動の渦に巻き込む「信徒発見」の舞台となる大浦天主堂。その建設工事が、本格的に動き出したのは、稲佐の山が紅く照り映える１８６４年（元治元年）秋のことであった。

稲佐山は長崎市の西方で長崎居留地の対岸に位置し、長崎港を見下ろす山だ。ナレーションの内容についていえば、実際の稲佐山には常緑樹が多いせいか、全体的に紅葉が見られることはない。だが、そこはミュージカルなので想像の翼を大きく広げて「紅く照り映える」とした。これは、カーテンコールでホリゾント幕に映し出される「赤い花」の演出を意識して、この「紅」が物語のラストに向かって「赤」に変化していくよう色彩的な効果を意識した面もあった。

南島原・天草公演無事終わる

12月7日、2回目の公演となる南島原公演は無事終了した。23日には3回目の天草公演が終わった。

大村組の出演者達にとっては初めての旅公演の経験だった。宿泊先の風呂が足りなかったり、暖房がよく効かなかったり、ゆっくり休めなかったり、大村組にはいろいろ不便もあったようだ。地元組の出演者達は、十分な稽古ができなかった部分もあるのか、一部セリフを忘れてしまうなどハプニングもあった。いくつか課題は残ったようだが、両公演ともほぼ満員の観客を迎えて、観客の温かい拍手に包まれ、とにかく無事に終わ

南島原公演の出演者

天草公演の出演者

った。

「今回の舞台では芝居作りはそう苦労しなかった。何度観ても飽きない。後半の畳み掛けるテンポがいい。ロングランになるといい。長崎公演を実現させたい」

これは天草公演終了後の指導陣の打ち上げの席で菊池さんがおっしゃった感想だ。私にとってはありがたくも嬉しい言葉だった。

悲願の長崎公演実現！

平成27（2015）年の年が明けた。この年の長崎は被爆70周年であり、プチジャン神父へ浦上村キリシタンが信仰を告白した「信徒発見」から150周年の節目の年でもあった。

届いた南島原公演の来場者アンケート結果を読んでみると、好意的で温かい感想が多かった。「とてもよい」「よい」の回答のみで、「よくない」「まったくよくない」の回答はゼロだった。これまでの市民舞台の経験では必ず数名は厳しい評価の回答があったので、これにはちょっとびっくりした。一方、後日読んだ天草公演アンケートには厳しい指摘もあった。しかし、それも重要な意見であり、隠れている課題が見つかることもあって、厳しい指摘を心のバネにすることもできるし、ありがたいものだと思った。

1月10日、シーハットおおむらの藤崎澄雄さんから朗報が入った。ミュージカル『赤い花の記憶　天主堂物語』長崎公演が、8月11日に長崎ブリックホールで実現しそうだという知らせだった。大村の初演を観賞した長崎自動車株式会社（長崎バス）の嶋崎真英社長が、物語の舞台となった大浦天主堂のある長崎市でもぜひ公演を実現させたいと声を上げてくださったのがきっかけだった。「信徒発見」150周年も追い風になっていた。長崎バスグループが中心になって実行委員会が組織されるらしい。2月初旬に正式決定されるという。長崎市生まれの私にとって、長崎ブリックホール公演は夢であり、悲願であり、一生に一度自分の脚本が上演されればこの上ない幸せだと思えるような話だった。またあの感動の時間が長崎で味わえるのかと思うと、自然に胸が弾んだ。南島原公演と天草公演の感想や意見

長崎公演参加者募集のチラシ

も参考にして、また新たな長崎公演用の台本を書こう、私はそう決意していたのである。

長崎公演

1月31日、藤崎さんから長崎公演が正式に決まったと連絡が入る。さっそく長崎公演用に台本の修正作業に入ることにした。

2月17日には8月長崎公演の記者発表が行われた。出席したのはシーハットおおむらの村嶋寿深子館長と藤崎澄雄さんと長崎公演実行委員会（実行委員長は長崎自動車株式会社会長・長崎商工会議所会頭の上田惠三氏）のみなさんだった。

3月27日、長崎公演用の修正台本が完成した。大きく変えた点は、長崎居留地の外国船入港の歓迎行事で披露される「オランダ万才」のシーンを「唐人踊り」に変更したこと。長崎くんちの出し物としてオランダ万才が登場したのが昭和に入ってからのことだったので、せっかく長崎で上演されるのだから、幕末当時に実際に流行っていた「かんかんのう」という唐人踊りを取り入れることにしたのだった。

その2日後に出演者向けの説明会が長崎ブリックホールで行われた。私も出席し、作者として簡単なあらすじや作品の狙いなどを紹介した。

4月5日のキャスティング・オーディションを経て、長崎公演の出演者が決まった。出演は横山浩平さんと劇団夢桜と一般公募で集まった市民78名。それにOMURA室内合奏団の18名、制作・指導スタッフ11名という布陣だった。出演者・スタッフは長崎市民中心だったが、大村市（劇団夢桜）、諫早市、南島原市、東彼杵町の市民も含まれていた。

この日から8月11日の公演日までの約4カ月間、長崎と大村に分かれてまた長い稽古が始まった。ある日の長崎の稽古場には、田上富久長崎市長が激励に訪れ、挨拶をしてくださった。長崎のまちにはポスターやチラシがあふれ、人々の話題にも上るようになり、4回目の舞台となる市民ミュージカル『赤い花の記憶　天主堂物語』は大きな注目を集めることになったのである。

オガナリヨ通信

『赤い花の記憶　天主堂物語』の大村初演から、台本や時代背景など出演者からの質問に回答する形式の「オガナリヨ通信」というレジュメを作り配っていた。オガナリヨは『光る海』で宗久役を演じたときに付けた私のニックネーム。市民ミュージカルの出演者同士が互いをニックネームで呼び合う習慣があったからだ。

質問者は、個人でいろいろ調べた上で分からなかったことを質問してくることがほとんどだった。小学生から「サンチャゴ」など台本に書いてある言葉の意味についての質問もあった。その意味を教えたあとの子ども達の演技が、びっくりするほどいい方向に変化することも知った。

「オガナリヨ通信」は質問者だけではなく全員に配った。150年前の幕末時代に生きた人間を演じるには、当時のことを知ることが重要だと考えたからだ。現代劇なら台本を読んで役者の経験と感覚だけで演じることは可能なのだろうが、ミュージカルとはいえ時代劇はそうはいかない。ベテランも新人役者も関係ない。役作りを怠ると何も伝わらない劇になってしまう。この考えは私の信念といってもよかった。

「オガナリヨ通信」は長崎公演でも稽古開始直後から配布し始めて、本番直前まで全部で17回出演者に配布した。「作者にも演出や振付以外の部分で必ず何かアドバイスできることがある」という思いで、私は配っていたと思う。

台本のセリフの意味、登場人物のこと、長崎居留地のこと、当時の道具や衣装や髪型、所作、潜伏キリシタンの考え方、為政者側の考え方など、質問は多岐に渡った。現在、幕末当時の古写真集がたくさん残っているので、必要な場合は質問者に紹介することにした。出演者からの質問についてきちんと答えようとすると、まだまだ知らないことがたくさんあることを知り、長崎市立図書館に通っては質問内容について調べながら回答を書いた。史料に当たりながら、私自身台本の内容について気づかなかった新しい発見もあった。いわば「オガナリヨ通信」は作家と出演者達を結び、互いに刺激し合い、いい作品を創り上げるために存在する往復書簡のようなものだったと思う。

出演者の変化と成長

どの公演でもそうだと思うが、公募で集まった出演者が役者として変化し、成長していく姿を見ていくのは、作者として嬉しいことだ。長崎公演でも同じことがいえた。

一度芝居をしてみたい、思いっきり歌ってみたい、目立ちたい、ダンスを踊りたいなど、出演者の応募動機はさまざまだ。中には上がり症や引っ込み思案を克服したい、コミュニケーションが苦手なので克服したい、などの動機で応募してくる出演者もいる。

稽古が始まった頃は、小学生から60代までの出演者達は緊張感に包まれていて、台本のセリフや歌や振付など覚えることがたくさんあり、与えられた課題を懸命にクリアしようとするだけで日々過ぎていく。周囲を見渡す余裕はない。

1カ月ほど経つと、自分の演技上の欠点が見えてきて、頭がパニックになったり、落ち込んだりを繰り返しながら稽古に通うことになる。

2カ月を過ぎる頃には、自分のやるべきことが明確になり、出演者同士のコミュニケーションも活発になって、少し心の余裕が出てくる。稽古がおもしろくなっていくのもこの時期だ。

それから本番までは、毎週末の稽古が待ちきれないくらいミュージカルに集中する出演者が多くなる。仕事や学校や家庭のことを除けば、ミュージカルの稽古が最優先となっていく。それぞれの顔つきが変わり、自信も出始め、だんだん役者の顔になっていく。そのピークに本番の舞台がやって来るのである。

長い稽古期間中には仕事もあり、学校の試験もあり、家庭のこともある。体調を崩すこともある。苦しい期間を乗り越えて、出演者は毎週の稽古に通う。稽古を何かの理由で欠席した場合には、その分の遅れを取り戻すために自主練を重ねる。その際、出演シーンのチームメイトが特訓に協力することもある。

そうやって出演者同士の絆を深めて迎えた本番には、晴れ晴れとした表情をして舞台に立ち、輝く出演者達がいる。ミュージカル初心者の中から見事に自分の殻を破る人が出て来る。４カ月の稽古で人はこんなにも変われるものかと思えるくらいに、役者として成長した姿を見せてくれる。

私は自分の作品を通して、毎回新たな出演者との一期一会の出会いに感謝し、その役者的成長を見守りながら感動を共有し、稽古に立ち会っている。市民ミュージカルとは、多くの人達がそれぞれの思いを抱いて長い人生のうちの一瞬に立ち止まり、熱く共有する総合芸術の空間である。私自身はそういうふうに捉えている。

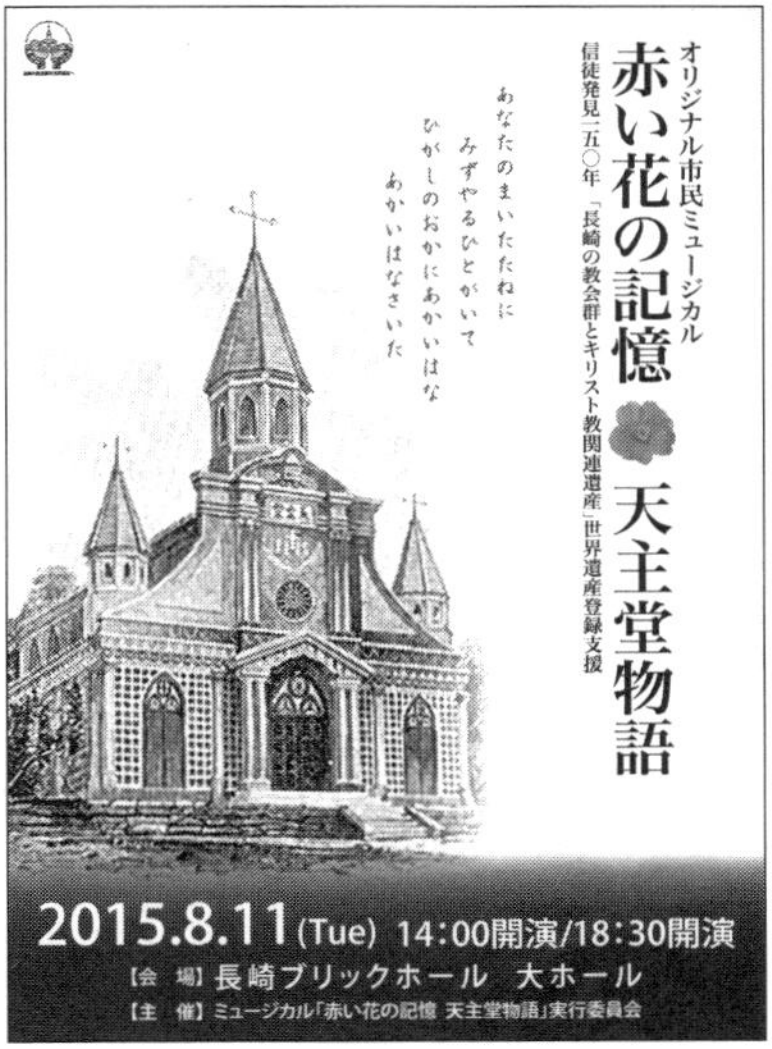

2015年長崎公演のプログラム

長崎公演終了

迎えたミュージカル『赤い花の記憶　天主堂物語』長崎公演の本番。平成

27（2015）年8月11日。広い舞台で78名の出演者が思いっきり歌い、踊り、躍動した。大村の戯曲講座に通い始めたときから夢見ていた長崎ブリックホールの舞台だ。公演当日は平日にもかかわらず昼夜2回公演で約2500名の来場者があった。カーテンコールでは出演者やOMURA室内合奏団の演奏者に向かって惜しみない拍手が送られ、ホールは感動の渦に包まれた。

公演終了後に1階のロビーに下りていくと、多くの来場者のみなさんを出演者が笑顔でお見送りしていた。広いロビーは笑顔と歓声であふれていた。あちこちで「よかったよ！」、「感動したよ！」、「プロみたいだった！」という会話が聞こえてくる。本番の緊張から解放され、少し誇らしげな出演者達の姿がそこにはあった。

私は出演者達の有終の笑顔を見守る時間が大好きだ。最も苦労しながらも脚本を書いてよかったと思える時間だ。本番の舞台になれば主役は出演者であり、すでに作家の出る幕はないのだが、この時間帯だけは密かに作者冥利を実感する時間だといつも思う。

私の心を捉えて離さない市民ミュージカルの魅力はいったい何だろうか。舞台は客席からわずかに離れた場所に存在する小宇宙だ。時間も空間も自在に超えた小宇宙だ。そこにたくさんの市民の夢が一瞬だけクロスし、花開く。そんな場所に脚本という名の夢の一部を提供できる幸福感。立ち会える喜び。それに尽きると思う。

こうして小脳梗塞の後遺症克服目的やラジオドラマの原作入選で始まった創作活動から、シーハットおおむらの戯曲講座を経て、「夢のまた夢」だと思っていた自作の長崎ブリックホール公演を現実のものにできた。

その日の夜に開かれた指導陣の懇親会の席で、長崎自動車株式会社（長崎バス）の嶋崎真英社長から早くも次の年の再演話が出て、とても光栄であり、嬉しかったことを覚えている。このことが序章にも書いたように、平成28（２０１６）年夏の長崎公演再演が決まるきっかけになったのである。

第4章　市民ミュージカル仲間との絆

市民ミュージカルで知り合った仲間とは、長い稽古期間をともに過ごした公演が終わってからも絆は続き、ミュージカル以外の私の創作活動にも付き合ってもらうことがある。とくに未来のある若い世代には、私が市民ミュージカルを通して知り得た知識を伝えていきたいし、できる限り活躍の場を提供したいという個人的な思いがあった。それで、プロデューサー的立場で積極的に声をかけることにしていたのである。

そんな思いで平成27（2015）年秋に挑戦したのが、日本非核宣言自治体協議会（以下非核協）の被爆70周年事業として制作した平和朗読劇『今は春べと咲くやこの花』だった。

年に一度の平和ボランティア

毎年8月9日が来ると、長崎のまちは祈りと静寂に包まれる。

太平洋戦争戦時下の昭和20（1945）年8月9日11時2分、アメリカの爆撃機B29によって一発の原子爆弾が長崎に投下された。7万4千名近くの市民が犠牲となり、70年以上経った今もなお被爆の後遺症で苦しんでいる多くの市民がいる。

私の母は長崎市伊良林で11歳のときに被爆した。近所の友達と遊んでいるときに閃光が走り、大きな音がして家は揺れ、窓ガラスが粉々に砕け散り、母の祖母が破片で足を怪我して血だらけになって苦しんでいた記憶があるそうだ。

母の被爆体験談を初めて聞いたのは、私がいい大人になってからのことで、母は家族にあまり語りたがらなかった。爆心地から長崎駅前付近の惨状を子ども心に垣間みて、恐怖のあまり、終戦後は爆

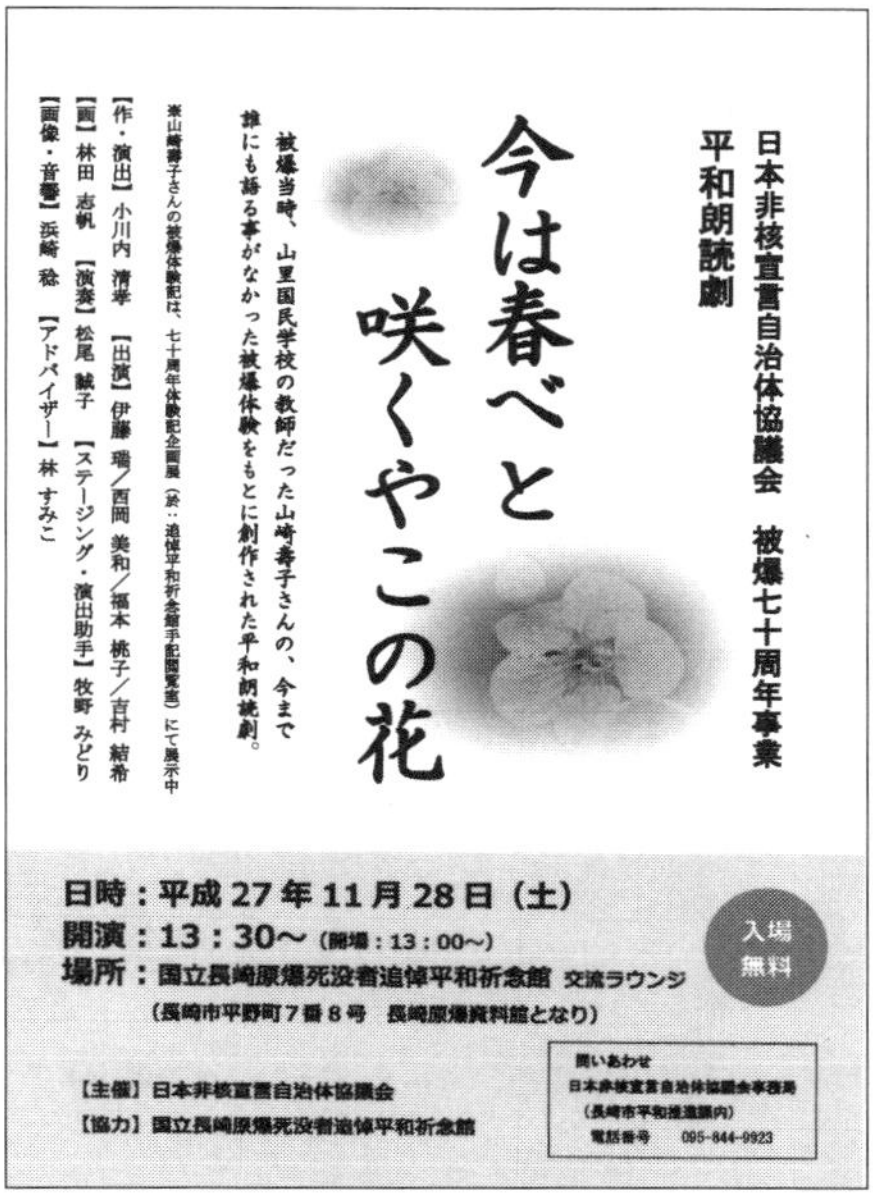

『今は春べと咲くやこの花』のチラシ

心地周辺には近づけなくなったのだそうだ。

母の体験談を聞いて以後、原爆の被害をより身近なことのように感じ、二度と原爆が投下されることのないよう何か平和ボランティア活動をしたいと私は思うようになった。ちょうどその頃、長崎市に事務局（長崎原爆資料館内にある長崎市原爆被爆対策部平和推進課内）のある非核協の親子記者事業が始まった。

事業の内容は、全国から小学生とその親を親子記者として長崎に招待して、8月9日の長崎原爆犠牲者慰霊平和祈念式典や長崎原爆の実相、市民による平和活動などを取材してもらい、親子記者新聞を制作し、長崎から平和の種を全国に蒔いてもらおうというものだった。

9年前に親子記者事業が始まるという新聞記事を読んで、これならライターや編集経験が生かせると思い、私から声を上げて編集ボランティアを買って出ることにしたのだった。

平和朗読劇の制作

非核協の親子記者新聞制作に編集ボランティアで関わり始めて4年経った頃、親子記者に聞いてもらいたいと思い、シーハットおおむらの戯曲講座で学んだ経験を生かして、平和朗読劇を制作して披露することにした。私が脚本を書いて演出もすることにした。毎年親子記者事業は8月8日から11日までの日程で行われているので、非核協事務局と打ち合わせをして、最終日の取材成果報告会の会場となる長崎原爆資料館ホールで上演することになった。

その最初の作品が平成23（2011）年制作の平和朗読劇『としさんのあやの食堂』だった。物語の内容は、長崎原爆で両親や妹を亡くした女性としさんが長崎に取材にやって来た親子記者に自らの被爆体験談を語り聞かせるという創作劇だった。戦後になって、亡くなった妹が将来開業したいと願っていた長崎ちゃんぽんの店をとしさんが開店するまでを描いていた。

この朗読劇の出演者をシーハット市民ミュージカルの出演者やスタッフにお願いすることにした。親子記者事業の編集ボランティア仲間にも声をかけ、裏方スタッフを依頼した。私の初演出作品だったので、あれこれフォローしてくれる気心の知れた人材がほしかったからだ。

朗読劇の舞台にはナレーションを読む人、登場人物のセリフをいう人が立ち、物語の進行に合わせて背後の大型スクリーンにイラストや当時の写真画像などが映し出されるという構成にした。同作品の上演時間は約35分。翌年の長崎ブリックホール国際会議場で開かれた非核協の研修会でも、少し長いバージョンにして再演されたのである。

聞き取り調査

親子記者事業の編集ボランティア活動がご縁となり、国立長崎原爆死没者追悼平和祈念館（以下追悼平和祈念館）の田畑祐子さんと神德孝子さんから声をかけていただき、平成26（２０１４）年から被爆体験記の執筆補助事業をお手伝いすることになった。私の仕事は被爆者の方が記された被爆体験談の手記を分かりやすく手直ししたり、聞き取りをして新たな文章に起こす補助をしたりすることだった。

平成27（２０１５）年5月、この執筆補助の仕事で、元山里国民学校教師の山崎壽子さんの被爆体験談をお聞きした。

山崎さんは、原爆が投下する2日前に体調を崩し、学校勤務を休んだ。その日の夕方、同僚の女性教師ふたりが山崎さんの実家にお見舞いに来て泊まり、夜遅くまでいろんな話をして翌朝帰っていった。同僚2人は8月9日に山里国民学校で防空壕掘りの作業中に被爆し、亡くなった。

原爆投下翌日から学校に出勤した山崎さんは、変わり果てた学校の建物や惨状を目の当たりにした。長崎原爆の犠牲になった多くの児童や同僚達の遺体を校庭で焼いていくという辛い作業に従事したという。

どうして自分だけ助かったのだろう、何でみんなと一緒に死ななかったのだろう。そういう後悔の念を戦後ずっともち続けた山崎さんは、この被爆体験を学校関係者以外に公にすることはなかった。だが、被爆70年という節目の年に周囲の説得もあって、自ら被爆体験談を語り、記録に残すことにしたということだった。

お話をうかがった日は、語り始められたときの緊張気味の山崎さんのお姿や、語り終えて何か肩の荷を少しだけ降ろされたような安堵のお顔が、とても印象に残った。

被爆70周年記念事業

ちょうど山崎壽子さんの執筆補助をした頃、非核協の被爆70周年事業として、平和朗読劇の新作を書いてほしいという制作依頼の仕事が来ていた。そこで、山崎壽子さんの被爆体験談をもとに平和朗読劇を制作してはどうかと考えた。他にいくつかストーリー案はあったのだが、山崎さんの体験談をお聞きして、何としても山崎さんの平和への思いを後世に伝える平和朗読劇にしたいと強く思うようになったのである。というのも、被爆70周年事業で制作した平和朗読劇は、上演を収録したＤＶＤと台本と上演マニュアルをセットにして非核協の登録自治体（当時は全国３１４自治体）へ配布されることになっていたからだ。これなら山崎さんの平和への思いが広く全国へ伝わると思った。

平和朗読劇の制作開始

山崎壽子さんの体験談をもとにした平和朗読劇を制作するに際して、私はまず関係先へ趣旨を説明することから始めた。非核協と追悼平和祈念館へ協力をお願いした。その了解が得られてから、全体の構成を考え、6月には脚本を書き始めた。山崎壽子さんから原作（被爆体験手記）使用の承諾を得たのは7月に入ってからのことだった。

7月8日、非核協担当者（伊福伸弘さん・藤田正明さん）と追悼平和祈念館担当者（田畑祐子さん・神德孝子さん）と正式に打ち合わせをして、制作準備に入ることになった。

上演時間は30分程度。舞台にはナレーションや登場人物のセリフを朗読する出演者がいて、ストーリー進行に合わせて背後のスクリーンにイラストや当時の写真画像が映し

出演者を紹介したパネル。左から吉村結希さん、福本桃子さん、西岡美和さん、松尾誠子さん、伊藤瑞さん

出されるという構成にしようと考えていた。『としさんのあやの食堂』の舞台と同じような形式だった。

山崎さんとふたりの同僚を登場人物として、私は脚本を書くことにした。それで20歳くらいの若い女性出演者3名が必要になり、市民ミュージカル『赤い花の記憶　天主堂物語』の出演者やスタッフに声をかけることにした。

新しい平和朗読劇のタイトルを『今は春べと咲くやこの花』に決めた。山崎壽子さんの体験談をもとにした創作劇（フィクション）にすることにした。

脚本を書く際に、何か物語のエピソ

ードにつながるものはないかと考えた。そこで、戦時中の山崎さんの実家にはみかんやイチジクの木が植えてあったことを思い出し、まずイチジクの花のことを調べてみることにした。すると、イチジクは実の中に花を咲かせるということを知り、物語に取り入れることにした。イチジクの実を戦争に覆われた時代のイメージとして捉え、その中で咲く花を若い3人の教師の姿と重ね合わせた。そんな戦争という冬の時代を乗り越えて春に咲く花はないだろうかと調べていると、「難波津に咲くやこの花冬ごもり　今は春べと咲くやこの花」という王仁博士が梅の花を詠んだ和歌にたどり着いた。戦争のない平和な時代に咲かせ続けたい花の象徴として、百人一首の序歌でもあるこの和歌をタイトルにすることにしたのだった。

私の作品の制作趣旨に賛同して集まってくれたのは、ナレーション担当と現在の主人公橘幸子（モデルは山崎壽子さん）役の伊藤瑞さん、70年前の主人公橘幸子役の西岡美和さん、同僚の向井志津役の福本桃子さん、同じく同僚の浦川糸役の吉村結希さん。テーマ曲作曲と本番の生演奏など音楽を引き受けてくれたのが松尾誠子さん。全体のステージングを考えてくれたのは牧野みどりさん。いずれも市民ミュージカル『赤い花の記憶　天主堂物語』の出演者・スタッフだった。福本桃子さんは福岡県柳川市出身で、さくらというヒロインを演じてくれた女性だ。以前私が構成台本を考えた『光る海 ハイライト公演』のヒロイン役を演じてくれたのが大村出身の吉村結希さんだった。ちなみに、この平和朗読劇の主人公役の西岡美和さんは静岡市出身。長崎市出身ではない平成生まれの女性3人が演じる長崎原爆の平和朗読劇にも、私は大きな意義があると感じていた。

『としさんのあやの食堂』でイラストを描いてもらった林田志帆さんが今回もイラストを担当。効果音・写真画像担当を同じく浜崎稔さんが快く引き受けてくれた。イラストトレーターの林田さんとデザイナーの浜崎さんは親子記者事業の編集ボランティア仲間だった。同じくライターの林すみこさんには通し稽古の録音を聴いてもらい、客観的な立場からアドバイスをもらうことにした。私は脚本と演出を担当した。

平成27（2015）年8月後半、上演日が11日28日、会場は追悼平和祈念館交流ラウンジと決まる。8月末から9月にかけて、私は出演者とスタッフと直接会って、できあがったばかりの台本と山崎さんの被爆体験手記や関係資料を渡し、平和朗読劇制作の経緯や趣旨を説明した。

稽古初日

10月4日。出演者・スタッフが集まり、『今は春べと咲くやこの花』の稽古初日を迎えた。

最初に非核協の藤田さんと追悼平和祈念館の神徳さんに挨拶をしてもらう。続いて出演者とスタッフの自己紹介。出演者には長崎原爆の実相を学んでもらうために、長崎原爆資料館と国立長崎原爆死没者追悼平和祈念館を見学してもらった。その間にスタッフの打ち合わせを行い、本番当日の開演時間を13時30分に決めた。

この日は、台本の読み合わせを2回行う。ナレーションの合間には、松尾誠子さんにアルトサックスで間奏を入れてもらった。あらかじめオリジナル曲を間奏で使いたいと、松尾さんに作曲依頼をしていた曲だった。

実はその日まで演奏楽器はキーボードのほうがいいのではないかと思っていた。しかし、松尾さんの希望にそって試してみると、アルトサックスの音色がこの物語の雰囲気にぴったり合うことが分かった。しかもこれまでの既存の朗読劇にはない雰囲気と色合いが出ているように感じられた。私はこのことで「先入観を捨てて制作に当たらなければ」と思い直した。その日は私が作詞して松尾さんが曲を付けたオリジナルテーマ曲も披露された。

今は春べと咲くやこの花

あの日　変わらぬ　暮らしがあった
青空　蝉時雨　夕焼け雲　風鈴の音
弾ける笑いに　終わらぬおしゃべり
あの日　変わらぬ　友の顔があった

難波津《なにはづ》に咲くやこの花冬ごもり
今は春べと咲くやこの花　今は春べと咲くやこの花

あの日　変わらぬ　景色があった
夕立　虹の橋　入道雲　チンチン電車
鶴の湊から　広がる山川

あの日　変わらぬ　友の日々があった
難波津に咲くやこの花冬ごもり
今は春べと咲くやこの花　今は春べと咲くやこの花
難波津に咲くやこの花冬ごもり
今は春べと咲くやこの花　今は春べと咲くやこの花

とても歌いやすい耳に残る曲だった。だが、上演時間の制限もあるので、この曲を本番で歌うかどうか今後の懸案事項にした。稽古中の課題はたくさん出たけれど、初回の稽古としては希望のもてるまずまずのスタートだったと思う。

見つかった一番の課題

初稽古を終えて、一番の課題だと感じたのは若い3人の出演者のしゃべり口調の癖だった。その癖が入ると、どうしても現代劇的になってしまうのだ。3人の会話が70年前のそれに聞こえてこなかった。しかも、3人は長崎出身者ではないので、長崎弁に慣れるまでに時間がかかると思った。戦時下の昭和20年の長崎に生きている人間ではなく、平成27年に生きている女性3人が会話をしているというような感覚がしていた。

考えてみればそれは無理もないことだった。いつ敵機の空襲があるか分からない状況やまともに授業のできない環境、食料不足、灯火管制、続々戦地に送られていく男性教師達。ただ想像するだけでは彼女達が演じようとしている昭和時代の教師像は鮮明にならないだろうと感じた。その時代に生きている人を表現するにはどうしたらいいのか。時代に流れる空気感がほしい。ここから私と出演者達の試行錯誤が始まった。

公開通し稽古

2回目の稽古からストレッチや発声、滑舌のメニューを入れることにした。ストレッチ指導は牧野みどりさん、発声指導をアナウンス学園卒の伊藤瑞さんにお願いした。何ごとも基本が大事だ。昭和の会話のリアル感を出すには、平成のしゃべり言葉の妙な癖をなくすことが先決だと思った。私は追悼平和祈念館にお願いして、過去に上演された平和朗読劇のＤＶＤを借りて出演者に回覧することにした。それから通し稽古を録音したCDを配り、出演者の耳で直接比較してもらった。

次に本番前に一度公開通し稽古をやったほうがいいと考えた。70年前の日本について、過去の資料を読み、映像を見て、出演者達は積極的に当時の状況を調べていた。その努力が朗読劇にうまく反映されるには、人前で一度この物語を実際に経験してみることが一番の早道だと思ったからだ。

そこで非核協と相談して、11月1日、非核協主催の被爆70周年平和交流事業で全国から長崎に集まる若者9名の前で、公開通し稽古をやらせてもらうことになった。ちょうどいい機会なので、非核協と追悼平和祈念館の担当の方にも立ち会ってもらうことにした。その日は本番で使うかどうか迷っていたテーマ曲も試しに合唱してみることに決めた。

山崎壽子さんのモデルとなった橘幸子役の西岡美和さんのセリフについて、あるシーンで私はどうアドバイスしたらいいのか悩んでいた。被爆死した同僚の向井志津と浦川糸の遺体を幸子が学校の校庭で焼いて、「お志津、糸、せめて安らかに天国へ逝ってねー」と叫ぶ場面のことだった。いわば幸子の慟哭《どうこく》に近いシーンなのだが、西岡さんのセリフがどうしても軽く感じられて、なかなかリアルに聞こえてこないのだった。もちろん当時の幸子の気持ちを想像していくしかないのだが、西岡さん本人も気持ちの作り方が難しいようだった。

彼女にどういう気持ちでセリフをいっているのか尋ねてみると、「自分の親友がふたり突然亡くなったらどういう気持ちになるかを想像してセリフをいっています」との返事が返ってきた。きっと彼女の方向性は間違っていないのだが、その気持ちがセリフに乗ってこちらに伝わって来なければ、決して観る人の心には届かない。私は「その気持ちのままでいいから、最後のねーを天国の2人に向かって叫ぶように、強く発してみて」とアドバイスをした。

11月1日。長崎原爆資料館の平和学習室で公開通し稽古は行われた。当日はスクリーン映像を使わず、シンプルに朗読と音楽だけの構成にした。松尾誠子さんのアルトサックスの生演奏も入れて臨んだ。

3人の教師役は現代のしゃべり口調の癖をなくそうと懸命だった。西岡美和さんは課題のシーンで精いっぱい声を張り上げた。しかし、この平和朗読劇の内容が観賞に耐えうるものなのか、若い世代の心に響くものなのか、私の中にはまだ不安のほうが大きかった。

公開通し稽古が終了して、全国から集まった9名に感想を聞いてみた。

「私は教師を目指しているので、早く戦争が終わって子ども達に伸び伸び教育がしたい、というセリフにグッと来ました。戦争で亡くなった教師の方々の分までこれから子ども達の教育をがんばろうと思いました」

ある教師志望の女性はこんな感想を話してくれた。このセリフは、主人公の橘幸子の同僚で被爆して亡くなった浦川糸が、幸子のお見舞いに来た日の夜に本音を吐くときのものだ。感想を述べた女性は70年前の話を身近なこととして感じ、受け止めてくれたのだ。それはとても嬉しい感想だった。出演者の自信にも励みにもなったと思う。私自身、演出の課題はまだ残っていたが、この方向性で間違いないと感じた。テーマ曲の合唱も好評だったので、本番のラストにそのまま入れることに決めた。

自分らしい演出を

平和朗読劇の演出を始めたのは、『としさんのあやの食堂』からだった。理由は簡単、他にやってくれる人がいなかったから。演出といっても、それまで経験がなかったので、レベルでいえば幼稚園児くらいでまだ小学校にも上がってもいないという自覚があった。それでも平和朗読劇を制作したいと強く思っていたので、必要に迫られるかたちで、出演者やスタッフと一緒に話し合いながら進行していた。演出法について、何かヒントはないかと過去の市民ミュージカルの稽古で作った「ダメ出しメモ」を読み返したりもした。これは東京の指導陣が指摘したダメ出しを個人的にまとめたものだった。

『今は春べと咲くやこの花』の出演者には、その後も台本についての意図や内容説明、時代背景の説明などを丁寧に行った。スクリーンに映し出すイラストはこちらのイメージを伝えて、林田志帆さんにラフを描いてもらい、稽古と同時進行で打ち合わせを重ねて制作してもらった。同じくスクリーンに映し出す被爆当時の長崎のまちの写真画像は、浜崎稔さんと相談しながら、イメージに合うものを長崎原爆資料館の所蔵ファイルからお借りすることにした。ストーリーの合間に流す音楽については、私の思い描くイメージを話して、松尾誠子さんに作曲を任せていた。松尾さんはこのような劇の音楽担当は初めての経験だったようで、試行錯誤しながらも前向きに稽古に臨んでくれた。入場から上演と退出までの出演者の動きは、牧野みどりさんにすべて任せることにした。彼女は市民ミュージカル『赤い花の記憶　天主堂物語』の振付補を担当してくれた女性だ。

まあ、私の場合は演出の仕事というよりも、「何かをやりたい人がそのやりたいことを叶える場所を提供する」全体の調整役という立場が、正確な表現なのかもしれなかった。

長崎国際平和映画フォーラム2015

公開通し稽古から一週間後。平和朗読劇演出の参考にするために、追悼平和祈念館主催の「長崎国際平和映画フォーラム2015」に行って、長崎原爆資料館ホールで『二重被爆』の紙芝居と朗読を観賞した。

翌日には（朗読の会の）永遠《とわ》の会と無名塾の朗読劇『原子野に生きる』と、高校生朗読劇『原子雲の下に生きて』の2本を観賞。ふたつの朗読劇を通して感心したのは、出演者が誰もセリフを噛《か》まなかったことだ。長ゼリフの台本をかなり読み込んで、自主練を重ねているなという印象だった。

上演後に聞いた無名塾の俳優（女性）の「当時のその人になりきらないと、感情は伝わらない。伝えられない」という言葉と、高校生の「上手い下手ではなく、目の前の人に伝えようとすることの大切さを知った」という言葉が印象に残った。これは次の稽古で出演者全員に伝えなければと思った。

ただ、朗読の合間に入る音楽の選曲で、どうも内容にそぐわないと感じる曲もあり、反面教師として私も演出する上での注意点にすることにした。

山崎壽子さんと出演者の交流

11月22日、平和朗読劇『今は春べと咲くやこの花』の5回目の稽古（最終回）の日を迎えた。本番まであと6日だ。

この日、主人公のモデルで原作者の山崎壽子さんと山里小学校元教諭の平野征博さん（山崎壽子さんの紹介者）をお招きすることになった。出演者・スタッフのたっての希望で実現したものだった。とくに山崎壽子さんをモデルとした橘幸子役の西岡美和さんは、課題のセリフの気持ちの込め方や役作りのために面会を熱望していた。

当日、出演者やスタッフは山崎さんから被爆当時のお話を直接聞き、通し稽古を観ていただいた。山崎さんの話を聞いたあとに演じた朗読劇には、いい変化が現れ、やはり説得力が増していた。ナレーションと現在の橘幸子役担当の伊藤瑞さんは力みのない読みに変化した。西岡さんのセリフにも気持ちがこもっていた。70年前の出来事を、山崎さんの話を通して、より実感できた成果だと思う。

平野さんは通し稽古を観終わって、涙を流しながら「いい物語を作ってくれましたね」といってくださった。山崎さんは、「自分じゃないみたい。立派すぎて恥ずかしい」というような感想をおっしゃったが、当時の状況を熱心に、具体的に、西岡美和さんはじめ出演者に伝えてくださった。彼女達にとってこの貴重な時間は大いに役作りの参考になったと思う。山崎さんとの交流はそれぞれが役者として成長する時間となった。

テクニカルリハから本番へ

本番前日の11月27日。夕方から追悼平和祈念館交流ラウンジで会場設営とテクニカルリハーサルを行う。大型スクリーンを設置して、来場者用の椅子を並べ、音響機器の調整をした。19時過ぎからテクニカルリハーサル実施。マイクの音量やイラスト・写真画像を映し出す切り替えのタイミングなどを確認した。追悼平和祈念館の神徳さんから、「山崎先生は台本を全部読んで、とても楽しみになさっています。ご家族でいらっしゃるそうです」というメッセージを伝えてもらう。出演者・スタッフ一同、本番を前に気が引き締まった。

本番の舞台

そして迎えた本番の日。朝一で牧野さんと浜崎さんと一緒に画像の切り替えタイミンの変更の打ち合わせを行う。追悼平和祈念館の田代和記さん主導で会場のマイクと撮影用音響の調整。すべての調整を終えた段階でゲネプロを行った。ゲネプロ後にスタッフは再度微調整を実施。映像制作の業者によるＤＶＤの撮影準備も整った。

開場前には交流ラウンジに用意した椅子を50から60に増やした。入場無料の催しだったので、とくに宣伝はしてはいなかったのだが、多くの関係者の来場が予想され、少し席を増やすことにしたのだった。結果的にこれは正解で、やはり開演前に会場は満席になった。

その間、出演者は本番直前まで何度も読み合わせを重ねていた。

いよいよ迎えた本番。山崎壽子さんが最前列中央で見守る中、松尾さん演奏のアルトサックスの深い音色が流れ、伊藤さんの落ち着いたナレーションが入り、平和朗読劇『今は春べと咲くやこの花』が始まった。

約30分後、初演の舞台はトラブルもなく無事終了した。平和朗読劇としての内容はこれまでで一番の完成度だったと思う。市民ミュージカルを経験している出演者は本番に強かった。西岡さんは「お志津、糸、せめて安らかに天国へ逝ってねー」という課題のセリフと向き合い、気持ちをこめて絶叫した。

若い出演者3人は役作りの成果が出て、堂々と70年前に生きた人間を演じきった。原爆が投下された日の長崎には、何気ない日常を生きる人達の暮らしがあった、という内容のテーマ曲の合唱も来場者の心に響いたようだった。

テーマ曲の合唱が終わり、時空を超えた3人の登場人物が客席に向かって、70年前にはいえなかった本音や平和への思いを訴えるラストシーンになった。

志津　私は生きたかった。

糸　　私ももっと生きたかった。
幸子　3人一緒に生きたかった。
3人　私達のささやかな夢が愚かな核兵器や戦争でさまたげられることのない日本を！　世界を！

幸子　　難波津に咲くやこの花冬ごもり
志津・糸　今は春べと咲くやこの花
3人　　今は春べと咲くやこの花

最後に松尾さんの短い演奏が入り、平和朗読劇は静かに終わった。山崎さんはじめ来場者には作品や出演者の思いが伝わったようで、会場は大きな拍手に包まれた。

終演後、感想を求められた出演者が、経験のない役作りへの苦労や平和への思いを伝えることの難しさや大切さなどを、来場者の前で涙ながらに語った。

最後に山崎さんのご挨拶があった。山崎さんは強い平和への思いをはっきりと語られ、「これからもみなさん頑張って、平和な日本をつくりましょう！」と力強くおっしゃった。そのとき山崎さんの凛としたお顔とお姿を拝見し、私はこの平和朗読劇を作って本当によかったと感じていた。短い準備・稽古期間だったが、出演者とスタッフ全員に感謝したいと、素直にそう思っていた。

この朗読劇は、ある意味で市民ミュージカル仲間の絆から生まれた作品だ。若い世代のいい経験になればと始めた平和朗読劇だったが、終わってみれば作者自身が一番いい経験をさせてもらった。同時に、長崎出身ではない若い世代であっても、作品を通して、被爆体験の実相を継承することができるという確信も得た。

完成した平和朗読劇『今は春べと咲くやこの花』はＤＶＤ化され、台本と上演マニュアルと一緒に全国の非核協登録自治体に配布された。

平成28（２０１６）年1月に行われた非核協と東京都港区共催の非核平和イベントでは、区民のみなさんの出演によって『今は春べと咲くやこの花』が上演された。3月には長崎市でＤＶＤ上映会が開かれた。三重県松阪市の行政情報番組で、私達が上演した作品が放送されたのは6月のこと。愛知県日進市で7月に開催された「平和のつどい」でも地元の放送演劇クラブの大学生が上演してくれた。南島原市の中学校でもＤＶＤ上映会が開かれたという。

こうして、原爆投下70年目に発した山崎壽子さんの平和のメッセージは、平和朗読劇を通して少しずつ全国へ広がっている。私の愛する市民ミュージカルの仲間の絆とともに。

ちなみに翌年夏の市民ミュージカル『赤い花の記憶　天主堂物語』長崎再演では、牧野みどりさん（振付補）、西岡美和さん（出演）、松尾誠子さん（出演）、吉村結希さん（公演当日スタッフ）が再び集まり参加してくれたのである。

終章　これからの夢

これからのこと

こんな経緯と紆余曲折《うよきょくせつ》を経て、長崎の大浦天主堂を舞台とした市民ミュージカル『赤い花の記憶　天主堂物語』は誕生した。

作品が成立するまでには、「小脳梗塞発症」「ラジオドラマ原作入選」「シーハットおおむら戯曲講座」「エキストラ」「舞台監督」「役者」などの実体験と、ガイドブック『旅する長崎学』『ビギン』の仕事は、絶対に外せないキーワードだったと思う。

この中のどれひとつ欠けてもきっと作品は生まれなかっただろう。その道のりは決して華やかという訳でもなく、どちらかといえば地味で格好悪く、他人にはどうでもいいような個人事情と妄想の連続なのかもしれなかった。まじめに取り組むときもあれば、ときにはいい加減に向き合うこともあった。生身の人間から生まれてくるものだけに、程度の差こそあれ、実はどんな作品の誕生の裏にもそういうことが必ずあるのだと思う。本書を通して、私はそんな「生きている人間だからこそ起こる不思議」を伝えたかった。

作品への評価は、何度か書いたように関わったすべての人々が注いだ情熱に対する総合的なもので、私個人のものではない。観客の反応にゆだねられる部分も大きい。しかし、まがりなりにも私の脚本から生まれた物語は、県内外5回の公演を実現することができた。長崎ブリックホール大ホールで上演される作品に成長した。初演からの総観客動員数は7300名。出演者・スタッフも延べ500名を超えただろう。平成28（2016）年8月現在、「市民ミュージカル」と入力してインターネット検索すると、『赤い花の記憶　天主堂物語』はかなり上位に出てくる。これも長崎県発の市民ミュージカルとしては異例に近いことなのだと思っている。

この歳で「これからの夢」を語ると、それこそ鬼に笑われるのかもしれないが、最後に日頃から考えていることを簡単に記しておきたい。

まずは、地域発の市民舞台の脚本をもっと書いてみたい。ミュージカルでもそうでなくても構わない。地域発のテレビやラジオドラマでもいい。とりわけ市民劇団の旗揚げ公演の脚本を書いてみたいと思っている。並行して、老若男女を問わず初心者向けの「戯曲講座」なども開いて、私の経験した演劇の楽しさや感動を伝えていきたい。「平和朗読劇」の脚本・演出も私のオリジナリティを発揮できる分野なので、ライフワークとして続けていきたいと思っている。

次に、「作家と役者のワークショップ」をやってみたい。私は脚本を書くが、どこかから演劇ワークショップ講師としての声がかかることはない。しかしながら、市民ミュージカルの経験上、必ず作家から役者にアドバイスできるものがあることを知っている。私自身いろいろなワークショップに参加した経験もあるので、それを生かしつつ、作家的視点から考えたオリジナルワークショップが実現できたらと思っている。趣味の落語や漫才やコントなど、お笑いの要素を加えてもいい。もともとサラリーマン時代は人材教育が専門だったので、人に何かを伝えることは苦にならない。一般人や企業向けのワークショップでもいい。何事にも自分らしさやオリジナリティは大切だ。

それから、2年後になるのだろうか、「長崎の教会群とキリスト教関連遺産」(「長崎と天草地方の潜伏キリシタン関連遺産」に名称変更)が正式に世界遺産に登録された暁には、もう一度新しい仲間とともに『赤い花の記憶　天主堂物語』の再演が実現できたらと願っている。再演はこの作品に関わったすべての関係者への恩返しにもなる。長崎県内外の市民のみなさんに長崎におけるキリスト教の歴史の一端を知っていただくいい機会にもなる。実現にはお金もかかるし簡単にできることではない。だが、さまざまな経緯と紆余曲折を経て完成した舞台だ。多くの関係者との交流を通して、「人を動かすエネルギーに満ちた作品」に成長したことは間違いないことなので、再演は可能だと信じている。その日を指折り数えながら、私は今から心待ちにしているのである。

最後になるが、大変お世話になったシーハットおおむら（一般財団法人 大村市文化・スポーツ振興財団）、尊敬する制作・指導陣のみなさま、市民ミュージカルに関わってくださった愛すべき出演者・スタッフのみなさま、長崎公演と再演を実現してくださったミュージカル『赤い花の記憶　天主堂物語』実行委員会、本書制作の長崎文献社、それからこの本の制作にご協力いただいたすべてのみなさまに心から感謝の意を表し、お礼の言葉とさせていただきたい。

主な参考文献・資料

『旅する長崎学』（長崎県企画　長崎文献社）1～5号、9号
『ビギン』（長崎県観光連盟）
『プチジャン司教書簡集』（長崎純心女子短期大学長崎地方文化史研究所）
『長崎の教会堂』（林一馬　九州労全長崎県本部）
『聖フランシスコ・ザビエル全生涯』（河野純徳訳　平凡社）
『聖フランシスコ・ザビエル全書簡』（河野純徳訳　平凡社）
『日本二十六聖人殉教記』（ルイス・フロイス　長崎純心女子短期大学）
『路上の人』（永井隆　カトリック長崎大司教区）
『天草四郎と島原の乱』（鶴田倉造　熊本出版文化館）
『検証島原天草一揆』（大橋幸泰　吉川弘文館）
『長崎のキリシタン学校』（長崎県教育委員会）
『「旅」の話　―浦上四番崩れ―』（カトリック浦上教会）
『長崎のキリシタン』（片岡弥吉　聖母文庫）
『キリシタンの潜伏と伝承』（片岡千鶴子　長崎純心大学博物館）
『長崎オラショの旅』（小崎登明　聖母文庫）

『長崎ものしり手帳』(永島正一　葦書房)
絵本『カステラ、カステラ!』(明坂英二　福音館書店)
『フロイスの見た戦国日本』(川崎桃太　中公文庫)
小説『女の一生　一部・キクの場合』(遠藤周作　新潮文庫)
小説『お菊さん』(ピエール・ロチ　岩波文庫)
絵葉書コレクション『華の長崎』(ブライアン・ハーフガフニ　長崎文献社)
『ながさき・出島「古写真の世界」展』(「古写真の世界」展実行委員会)

著者プロフィール

小川内清孝（おがわうち　きよたか）

1958 年長崎県長崎市生まれ。1982 年駒澤大学法学部卒。

長崎市在住のライター＆エディター。小説やシナリオ・脚本など創作活動も行う。

〈主な実績〉

『クラゲに学ぶ　ノーベル賞への道』（下村脩著　長崎文献社＝編集進行）。『長崎に舞う　魂の Love and Lucky』（加藤久邦著　長崎文献社＝構成・文）。『チンドン大冒険　ボクがチンドン屋になった理由』（河内隆太郎著　長崎文献社＝構成・文）。

〈主な脚本〉

ミュージカル『OMURA グラフィティー』（作）、『赤い花の記憶　天主堂物語』（作）。平和朗読劇『としさんのあやの食堂』（作・演出）、『今は春べと咲くやこの花』（作・演出）。

『赤い花の記憶 天主堂物語』舞台裏

発 行 日　初版　2016 年 12 月 12 日
著　　者　小川内　清孝
発 行 人　柴田　義孝
編 集 人　堀　憲昭
発 行 所　株式会社 長崎文献社
〒 850-0057 長崎市大黒町 3-1　長崎交通産業ビル 5 階
TEL. 095-823-5247　FAX. 095-823-5252
ホームページ http://www.e-bunken.com
印 刷 所　シナノパブリッシングプレス

ISBN978-4-88851-271-8　C0023